W0250609

DR. OETKER

BLECHKUCHEN

DR. OETKER
BLECHKUCHEN

Weltbild BACK Klassiker

Weltbild

ALLGEMEINE HINWEISE ZU DEN REZEPTEN

Lesen Sie vor der Zubereitung – besser noch vor dem Einkauf – das Rezept einfach einmal vollständig durch. Aus dem Zusammenhang werden die Zubereitungs-Schritte deutlicher und verständlicher.

ARBEITSSCHRITTE

Die Zutaten sind in der Reihenfolge ihrer Verarbeitung aufgeführt. Jeder Arbeitsschritt ist einzeln hervorgehoben und extra nummeriert. So haben wir die Rezepte für Sie auch entwickelt und ausprobiert.

ZUBEREITUNGSZEIT UND BACKZEIT

Die angegebene Zubereitungszeit schließt die Dauer der Vorbereitung und die eigentliche Zubereitung mit ein. Sie ist ein Anhaltswert und kann je nach individuellem Geschick oder Übung natürlich ein wenig variieren. Längere Wartezeiten, wie zum Beispiel Kühl- oder Abkühlzeiten oder auch Auftauzeiten sind in der Regel nicht in der Zubereitungszeit enthalten. Einzige Ausnahme: In dieser Zeit sind parallel andere Arbeitsschritte zu tun. Die Backzeiten sind gesondert ausgewiesen.

BACKOFENEINSTELLUNG UND BACKZEITEN

Die in den Rezepten angegebenen Backtemperaturen und Backzeiten sind Richtwerte, die je nach individueller Hitzeleistung Ihres Backofens über- oder unterschritten werden können. Prüfen Sie nach Beendigung der angegebenen Backzeit, ob das Gebäck gar ist. Die Temperaturangaben in diesem Buch beziehen sich auf Elektrobacköfen. Die Temperatur-Einstellungsmöglichkeiten für Gasbacköfen variieren je nach Hersteller, sodass wir keine allgemeingültigen Angaben machen können. Bitte beachten Sie deshalb bei der Einstellung des Backofens die Gebrauchsanleitung des Herstellers. Ein Backofenthermometer eignet sich dabei gut, um die Backofentemperatur im Blick zu haben.

EINSCHUBHÖHE

In den Rezepten in diesem Buch ist die Einschubhöhe immer dann die Mitte des Backofens, wenn nichts anderes angegeben ist.

HINWEISE ZU DEN NÄHRWERTEN

Bei den Nährwertangaben in den Rezepten handelt es sich um auf- bzw. abgerundete ganze Werte. Aufgrund von ständigen Rohstoffschwankungen und/oder Rezepturveränderungen bei Lebensmitteln kann es zu Abweichungen kommen. Die Nährwertangaben dienen daher lediglich Ihrer Orientierung und eignen sich nur bedingt für die Berechnung eines Diätplans.

ABKÜRZUNGEN UND SYMBOLE

EL	Esslöffel
TL	Teelöffel
Msp.	Messerspitze
Pck.	Packung/Päckchen
g	Gramm
kg	Kilogramm
ml	Milliliter
l	Liter
evtl.	eventuell
geh.	gehäuft
gestr.	gestrichen
gem.	gemahlen
ger.	gerieben
TK	Tiefkühlprodukt
°C	Grad Celsius

KALORIEN-/NÄHRWERTANGABEN

E	Eiweiß
F	Fett
Kh	Kohlenhydrate
kcal	Kilokalorie

INHALT

BUNTE OBSTVARIATIONEN

FÜR DEN RÜHRTEIG:
150 g Butter oder Margarine (zimmerwarm)
100 g Zucker
1 Pck. Vanillin-Zucker
1 Prise Salz, 2 Eier (Größe M)
200 g Weizenmehl
1 gestr. TL Backpulver

FÜR DEN BELAG:
500 ml Milch (3,5 % Fett)
1 Pck. Pudding-Pulver Vanille-Geschmack
40 g Zucker
2 kg vorbereitete bunte Früchte, z. B. rote und schwarze Johannisbeeren, Brombeeren, Himbeeren, Erdbeeren und Heidelbeeren (links), Aprikosen, rote Pflaumen und Melonenkugeln (Mitte), Erdbeeren, Kiwis, grüne und blaue kernlose Weintrauben (rechts)

FÜR DEN GUSS:
2 Pck. ungezuckerter Tortenguss, klar
500 ml Apfelsaft
3–4 gestr. EL Zucker

INSGESAMT:
E: 60 g, F: 160 g, Kh: 680 g, kcal: 4700

ZUBEREITUNGSZEIT:
60 Minuten, ohne Abkühlzeit

BACKZEIT:
etwa 20 Minuten

1. Den Backofen vorheizen.
Ober-/Unterhitze: etwa 180 °C
Heißluft: etwa 160 °C

2. Für den Teig die Butter oder Margarine mit einem Mixer (Rührstäbe) auf höchster Stufe geschmeidig rühren. Nach und nach Zucker, Vanillin-Zucker und Salz unterrühren. So lange rühren, bis eine gebundene Masse entstanden ist.

3. Die Eier nach und nach unterrühren (jedes Ei etwa ½ Minute). Mehl mit Backpulver mischen, kurz auf mittlerer Stufe unterrühren. Den Teig auf ein Backblech (30 x 40 cm, gefettet) geben und glatt streichen. Das Backblech in den vorgeheizten Backofen schieben und den Gebäckboden **etwa 20 Minuten backen.**

4. Das Backblech auf einen Kuchenrost stellen. Den Gebäckboden erkalten lassen. Einen Backrahmen darumstellen.

5. Für den Belag aus Milch, Pudding-Pulver und Zucker einen Pudding nach Packungsanleitung zubereiten. Pudding erkalten lassen, dabei ab und zu umrühren, damit sich keine Haut bildet. Den Pudding auf den Gebäckboden geben und glatt streichen. Die vorbereiteten Früchte (große Früchte halbieren oder in Spalten schneiden) dekorativ in drei unterschiedlichen Kombinationen auf dem Pudding verteilen.

6. Für den Guss aus Tortengusspulver, Apfelsaft und Zucker einen Guss nach Packungsanleitung zubereiten und gleichmäßig auf den Früchten verteilen. Den Obstkuchen in den Kühlschrank stellen und den Guss fest werden lassen.

TIPPS:
Servieren Sie dazu steif geschlagene Sahne oder cremige Vanillesauce (aus dem Kühlregal). Essen keine Kinder mit, können Sie den Tortenguss auch mit einer Mischung aus 250 ml Weißwein und 250 ml Wasser zubereiten.

RHABARBER-AMARETTINI-SCHNITTEN

FÜR DEN BELAG:
750 g Rhabarber

FÜR DEN ALL-IN-TEIG:
350 g Weizenmehl
1 Pck. Backpulver
200 g Zucker
1 Pck. Bourbon-Vanille-Zucker
200 g Butter oder Margarine (zimmerwarm)
5 Eier (Größe M)
150 g Joghurt (3,5 % Fett)
125 g Amarettini (ital. Mandelmakronen)

INSGESAMT:
E: 80 g, F: 220 g, Kh: 580 g, kcal: 4680

ZUBEREITUNGSZEIT:
15 Minuten, ohne Abkühlzeit

BACKZEIT:
etwa 40 Minuten

1. Für den Belag den Rhabarber putzen, abspülen, abtropfen lassen, Stielenden und Blattansätze entfernen. Stangen in etwa 2 cm lange Stücke schneiden.

2. Den Backofen vorheizen.
Ober-/Unterhitze: etwa 180 °C
Heißluft: etwa 160 °C

3. Für den Teig Mehl mit Backpulver in einer Rührschüssel mischen. Zucker, Vanille-Zucker, Butter oder Margarine, Eier und Joghurt hinzufügen. Die Zutaten mit einem Mixer (Rührstäbe) zunächst kurz auf niedrigster, dann auf höchster Stufe in etwa 2 Minuten zu einem glatten Teig verarbeiten. Amarettini unterheben.

4. Den Teig auf ein Backblech (30 x 40 cm, gefettet) geben und glatt streichen. Rhabarberstücke darauf verteilen. Backblech in den vorgeheizten Backofen schieben. Den Kuchen **etwa 40 Minuten backen.**

5. Das Backblech auf einen Kuchenrost stellen. Den Kuchen darauf erkalten lassen.

TIPP:
Den Kuchen vor dem Servieren mit 2 Teelöffeln Puderzucker bestäuben.

BEEREN-STREUSEL-KUCHEN

FÜR DEN HEFETEIG:
375 g Weizenmehl
1 Pck. Hefeteig Garant
175 ml Milch (3,5 % Fett)
50 g Butter oder Margarine (zimmerwarm)
50 g Zucker
1 Pck. Vanillin-Zucker
1 Prise Salz
1 Ei (Größe M)

3 EL Semmelbrösel
750 g Beeren-Mix, z. B. Brombeeren und Himbeeren (frisch oder TK)

FÜR DIE STREUSEL:
200 g Weizenmehl
150 g Zucker
1 Pck. Vanillin-Zucker
1 gestr. TL gem. Zimt
125 g Butter oder Margarine (zimmerwarm)
2 EL kaltes Wasser

INSGESAMT:
E: 80 g, F: 180 g, Kh: 720 g, kcal: 4960

ZUBEREITUNGSZEIT:
30 Minuten, ohne Abkühlzeit

RUHEZEIT:
etwa 10 Minuten

BACKZEIT:
etwa 30 Minuten

1. Für den Teig das Mehl mit Hefeteig Garant in einer Rührschüssel mischen. Milch, Butter oder Margarine, Zucker, Vanillin-Zucker, Salz und Ei hinzugeben.

2. Die Zutaten mit einem Mixer (Knethaken) zunächst kurz auf niedrigster, dann auf höchster Stufe in etwa 2 Minuten zu einem glatten Teig verarbeiten.

3. Den Hefeteig auf einem Backblech (30 x 40 cm, gefettet, gemehlt) ausrollen. Semmelbrösel daraufstreuen.

4. Frische Beeren verlesen, kurz abspülen, gut abtropfen lassen und entstielen.

5. Die Beeren (TK-Früchte unaufgetaut) auf dem Teig verteilen und leicht eindrücken. Kuchen zugedeckt etwa 10 Minuten ruhen lassen.

6. Den Backofen vorheizen.
Ober-/Unterhitze: etwa 200 °C
Heißluft: etwa 180 °C

7. Für die Streusel Mehl in eine Rührschüssel geben. Zucker, Vanillin-Zucker, Zimt, Butter oder Margarine und das kalte Wasser hinzufügen.

8. Die Zutaten mit einem Mixer (Rührstäbe) zu Streuseln von gewünschter Größe verarbeiten. Die Streusel auf den Beeren verteilen.

9. Das Backblech in den vorgeheizten Backofen schieben. Den Beeren-Streusel-Kuchen **etwa 30 Minuten backen.**

10. Das Backblech auf einen Kuchenrost stellen. Beeren-Streusel-Kuchen erkalten lassen.

TIPPS:
Bestreuen Sie den Kuchen zum Servieren mit etwas Puderzucker und reichen Sie halbsteif geschlagene Sahne dazu. Bereiten Sie den Kuchen statt mit Hefeteig mit dem Quark-Öl-Teig von Seite 14 zu.

HIMBEERKUCHEN

ZUM VOREREITEN:
300 g TK-Himbeeren

FÜR DEN RÜHRTEIG:
250 g Butter oder Margarine (zimmerwarm)
200 g Zucker
1 Pck. Vanillin-Zucker
1 Prise Salz
1 Pck. Geriebene Zitronenschale
4 Eier (Größe M)
300 g Weizenmehl
2 gestr. TL Backpulver
5 EL Milch (3,5 % Fett)

FÜR DIE CREME:
50 g Zucker
1 Pck. Sahnesteif
500 g Mascarpone (ital. Frischkäse)
150 g Joghurt (3,5 % Fett)
50 g Puderzucker

INSGESAMT:
E: 80 g, F: 460 g, Kh: 580 g, kcal: 6920

ZUBEREITUNGSZEIT:
20 Minuten, ohne Auftau- und Abkühlzeit

BACKZEIT:
etwa 20 Minuten

1. Die Himbeeren nach Packungsanleitung auftauen lassen.

2. In der Zwischenzeit den Backofen vorheizen.
Ober-/Unterhitze: etwa 200 °C
Heißluft: etwa 180 °C

3. Für den Teig die Butter oder Margarine mit einem Mixer (Rührstäbe) auf höchster Stufe geschmeidig rühren.

4. Nach und nach Zucker, Vanillin-Zucker, Salz und Zitronenschale unterrühren. So lange rühren, bis eine gebundene Masse entstanden ist.

5. Die Eier nach und nach unterrühren (jedes Ei etwa ½ Minute). Mehl mit Backpulver mischen, in 2 Portionen abwechselnd mit der Milch kurz auf mittlerer Stufe unterrühren.

6. Den Teig auf ein Backblech (30 x 40 cm, gefettet) geben und glatt streichen. Das Backblech in den vorgeheizten Backofen schieben. Den Gebäckboden **etwa 20 Minuten backen.**

7. Das Backblech auf einen Kuchenrost stellen. Den Gebäckboden erkalten lassen.

8. Für die Creme den Zucker mit Sahnesteif mischen, auf die vorbereiteten Himbeeren streuen und pürieren. Mascarpone mit Joghurt und Puderzucker aufschlagen und gleichmäßig auf dem Gebäckboden verteilen. Himbeerpüree in Klecksen darauf verteilen und mit einem Löffel vorsichtig in die Creme drücken, sodass Wellen entstehen.

TIPP:
Etwas leichter wird die Creme, wenn Sie die Hälfte des Mascarpone durch Magerquark ersetzen. Dann Mascarpone mit Magerquark, Joghurt, Puderzucker und 1 Päckchen Sahnesteif aufschlagen.

BLAUBEERBLECH

FÜR DEN QUARK-ÖL-TEIG:

300 g Weizenmehl
3 gestr. TL Backpulver
75 g Zucker
1 Pck. Vanillin-Zucker
1 Prise Salz
125 g Magerquark
100 ml Milch (3,5 % Fett)
100 ml Sonnenblumenöl

FÜR DEN BELAG UND ZUM BESTÄUBEN:

1 kg Blaubeeren (Heidelbeeren)
50 g Butter
50 g Semmelbrösel
70 g Zucker
1 Pck. Vanillin-Zucker
1 gestr. TL gem. Zimt
20 g Puderzucker

INSGESAMT:

E: 60 g, F: 100 g, Kh: 520 g, kcal: 3280

ZUBEREITUNGSZEIT:

35 Minuten, ohne Abkühlzeit

BACKZEIT:

etwa 25 Minuten

1. Den Backofen vorheizen.
Ober-/Unterhitze: etwa 200 °C
Heißluft: etwa 180 °C

2. Für den Teig das Mehl mit Backpulver in einer Rührschüssel mischen. Zucker, Vanillin-Zucker, Salz, Quark, Milch und Sonnenblumenöl hinzufügen. Die Zutaten mit einem Mixer (Knethaken) zunächst kurz auf niedrigster, dann auf höchster Stufe in etwa 1 Minute zu einem Teig verarbeiten (nicht zu lange, Teig klebt sonst).

3. Den Teig auf einem Backblech (30 x 40 cm, gefettet) ausrollen, dabei einen kleinen Rand formen.

4. Für den Belag Blaubeeren verlesen, abspülen, gut abtropfen lassen und entstielen. Butter in einer kleinen Pfanne zerlassen, Semmelbrösel hinzugeben und kurz anrösten. Blaubeeren mit Zucker, Vanillin-Zucker, Zimt und der Semmelbröselmasse vermischen und auf dem Teig verteilen.

5. Das Backblech in den vorgeheizten Backofen schieben. Blaubeerblech **etwa 25 Minuten backen.**

6. Das Backblech auf einen Kuchenrost stellen. Den Kuchen darauf erkalten lassen und kurz vor dem Servieren mit dem Puderzucker bestäuben.

KIRSCH-JOGHURT-SCHNITTEN

FÜR DEN BISKUITTEIG:
4 Eier (Größe M)
150 g Zucker
1 Pck. Vanillin-Zucker
150 g Weizenmehl
1 gestr. TL Backpulver

FÜR DEN BELAG:
12 Blatt weiße Gelatine
500 g Joghurt (3,5 % Fett)
125 g Puderzucker
1 Pck. Vanillin-Zucker
Schale und Saft von
 1 Bio-Zitrone
 (unbehandelt, ungewachst)
400 g Schlagsahne
 (mind. 30 % Fett)
740 g abgetropfte Sauerkirschen oder abgetropfte, entsteinte Kaiserkirschen (aus Gläsern)

ZUM GARNIEREN UND BESTÄUBEN:
25 g Zartbitter-Raspelschokolade
evtl. Puderzucker

INSGESAMT:
E: 100 g, F: 180 g, Kh: 600 g, kcal: 4560

ZUBEREITUNGSZEIT:
30 Minuten, ohne Kühlzeit

BACKZEIT:
etwa 10 Minuten

1. Den Backofen vorheizen.
Ober-/Unterhitze: etwa 200 °C
Heißluft: etwa 180 °C

2. Für den Teig die Eier mit einem Mixer (Rührstäbe) auf höchster Stufe in 1 Minute schaumig schlagen. Zucker mit Vanillin-Zucker mischen, in 1 Minute einstreuen, dann noch etwa 2 Minuten schlagen.

3. Mehl mit Backpulver mischen, auf die Eiercreme geben und kurz auf niedrigster Stufe unterrühren. Den Teig auf ein Backblech (30 x 40 cm, gefettet, gemehlt) geben und glatt streichen.

4. Das Backblech in den vorgeheizten Backofen schieben. Den Gebäckboden **etwa 10 Minuten backen.**

5. Das Backblech auf einen Kuchenrost stellen, den Gebäckboden darauf erkalten lassen.

6. Für den Belag Gelatine nach Packungsanleitung einweichen. Joghurt mit Puderzucker, Vanillin-Zucker, Zitronenschale und -saft verrühren.

7. Gelatine leicht ausdrücken und in einem kleinen Topf bei schwacher Hitze unter Rühren auflösen. Die Gelatine mit etwa 4 Esslöffeln von der Joghurtmasse verrühren, dann mit der restlichen Joghurtmasse verrühren.

8. Sahne steif schlagen. Wenn die Masse anfängt zu gelieren, Sahne und Kirschen unterheben. Einen Backrahmen um den Biskuitboden stellen. Joghurt-Sahne-Creme auf dem Boden verteilen und glatt streichen. Den Kuchen etwa 2 Stunden in den Kühlschrank stellen.

9. Vor dem Servieren den Backrahmen mit einem Messer vorsichtig lösen und entfernen. Den Kuchen in Schnitten teilen, mit Raspelschokolade garnieren und nach Belieben mit Puderzucker bestäuben.

MÖHREN-KIRSCH-KUCHEN

ZUM VORBEREITEN:
740 g abgetropfte Sauerkirschen (aus dem Glas)

FÜR DEN ALL-IN-TEIG:
250 g Möhren
1 Pck. Geriebene Zitronenschale
120 g Zucker
180 g Weizenmehl
3 gestr. TL Backpulver
70 g Hartweizengrieß
1 gestr. TL gem. Zimt
100 g gem. Mandeln
3 Eier (Größe M)
200 g Butter oder Margarine (zimmerwarm)

FÜR DEN GUSS:
100 g Puderzucker
1–2 EL Kirschsaft (aus dem Glas)

INSGESAMT:
E: 80 g, F: 260 g, Kh: 560 g, kcal: 4860

ZUBEREITUNGSZEIT:
25 Minuten

BACKZEIT:
etwa 30 Minuten

1. Von den abgetropften Sauerkirschen den Saft auffangen, 1–2 Esslöffel davon abnehmen und für den Guss beiseitestellen.

2. Für den Teig Möhren putzen, schälen, abspülen, abtropfen lassen und auf der feinen Seite der Haushaltsreibe reiben. Geriebene Möhren mit Zitronenschale und Zucker mischen.

3. Den Backofen vorheizen.
Ober-/Unterhitze: etwa 180 °C
Heißluft: etwa 160 °C

4. Das Mehl und Backpulver in einer Rührschüssel mischen. Möhrenmasse und restliche Zutaten für den Teig hinzufügen. Die Zutaten mit einem Mixer (Rührstäbe) zunächst kurz auf niedrigster, dann auf höchster Stufe in etwa 2 Minuten zu einem glatten Teig verarbeiten. Dann die Kirschen unterheben.

5. Den Teig auf ein Backblech (30 x 40 cm, gefettet) geben und glatt streichen. Das Backblech in den vorgeheizten Backofen schieben und den Kuchen **etwa 30 Minuten backen.**

6. Für den Guss den Puderzucker mit 1–2 Esslöffeln Kirschsaft verrühren, sodass ein dickflüssiger Guss entsteht. Den Guss in einen kleinen Gefrierbeutel füllen und eine kleine Ecke abschneiden.

7. Das Backblech auf einen Kuchenrost stellen. Den Guss auf den heißen Kuchen sprenkeln. Den Kuchen erkalten lassen.

TIPPS:
Für einen weißen Zuckerguss ersetzen Sie den Kirschsaft durch die gleiche Menge Zitronensaft. Sie können den erkalteten Möhren-Kirsch-Kuchen aber auch mit etwa 50 g dunkler Kuchenglasur besprenkeln. Noch schneller geht es, wenn Sie ganz auf einen Guss verzichten und den erkalteten Kuchen kurz vor dem Servieren stattdessen einfach mit etwas Puderzucker bestäuben. Für einen intensiveren Geschmack nehmen Sie statt Weizenmehl die gleiche Menge Dinkelmehl (Type 630) und ersetzen die gemahlenen Mandeln durch gemahlene Haselnusskerne oder Walnusskerne. Würzen Sie den Teig zusätzlich noch mit 1 Messerspitze gemahlenem Kardamom und 1 Prise gemahlenem Ingwer.

EIERLIKÖR-KIRSCH-SCHNITTEN

8 Eiweiß (Größe M)
75 g Zucker

FÜR DEN RÜHRTEIG:
200 g Butter oder Margarine (zimmerwarm)
200 g Zucker
2 Pck. Vanillin-Zucker
8 Eigelb (Größe M)
250 g Weizenmehl
1 gestr. TL Backpulver

100 g gehobelte Haselnusskerne
75 g Zucker, 1 TL gem. Zimt

FÜR DIE FÜLLUNG:
700 g abgetropfte Sauerkirschen (aus Gläsern)
2 Pck. ungezuckerter Tortenguss, rot
4 EL Zucker
400 ml Kirschsaft (aus den Gläsern)
100 ml Wasser
2 Pck. Paradiescreme Vanille-Geschmack (Dessertpulver)
600 g Crème fraîche
150 ml Eierlikör

INSGESAMT:
E: 100 g, F: 480 g, Kh: 980 g, kcal: 8900

ZUBEREITUNGSZEIT:
70 Minuten, ohne Kühlzeit

BACKZEIT:
etwa 17 Minuten je Backblech

1. Eiweiß mit einem Mixer (Rührstäbe) auf höchster Stufe steif schlagen. Der Schnee muss so fest sein, dass ein Messerschnitt sichtbar bleibt. Nach und nach Zucker kurz unterschlagen. Die Eischneemasse in den Kühlschrank stellen.

2. Den Backofen vorheizen.
Ober-/Unterhitze: etwa 180 °C
Heißluft: etwa 160 °C

3. Für den Teig Butter oder Margarine mit dem Mixer (Rührstäbe) auf höchster Stufe geschmeidig rühren. Nach und nach Zucker und Vanillin-Zucker unterrühren. So lange rühren, bis eine gebundene Masse entstanden ist. Eigelb nach und nach unterrühren.

4. Mehl mit Backpulver mischen, in 2 Portionen kurz auf mittlerer Stufe unterrühren. Jeweils die Hälfte des Teiges dünn auf je ein Backblech (30 x 40 cm, gefettet, mit Backpapier belegt) streichen (am besten mit einer Teigkarte oder einem Tortenheber).

5. Jeweils die Hälfte der Eischneemasse daraufgeben, glatt streichen und je die Hälfte der Haselnusskerne darauf verteilen. Zucker mit Zimt mischen und jeweils die Hälfte davon auf die Eischneemasse streuen.

6. Die Backbleche nacheinander (bei Heißluft zusammen) in den vorgeheizten Backofen schieben. Die Gebäckböden **etwa 17 Minuten je Backblech backen.**

7. Die Gebäckböden mit dem Backpapier von den Backblechen auf je einen Kuchenrost ziehen, mit einem langen Messer die Böden vom mitgebackenen Backpapier lösen, aber darauf erkalten lassen.

8. Für die Füllung von den Sauerkirschen den Saft auffangen und 400 ml davon abmessen. Tortengusspulver mit Zucker mischen, mit etwas Kirschsaft anrühren. Den restlichen Kirschsaft und Wasser in einem Topf zum Kochen bringen.Angerührtes Tortengusspulver in den von der Kochstelle genommenen Saft rühren und unter Rühren gut aufkochen lassen. Den Topf von der Kochstelle nehmen, die Sauerkirschen unterheben.

9. Einen Gebäckboden auf ein Backblech legen und einen Backrahmen darumstellen. Die Sauerkirschmasse darauf verteilen und erkalten lassen.

10. Paradiescreme mit Crème fraîche und Eierlikör nach Packungsanleitung aufschlagen, auf die Sauerkirschmasse geben und glatt streichen.

11. Den zweiten Gebäckboden darauflegen und andrücken. Den Kuchen mindestens 2 Stunden in den Kühlschrank stellen. Backrahmen lösen und entfernen.

SPRITZGEBÄCK-KUCHEN MIT KIRSCHEN

FÜR DEN STREUSELTEIG:
225 g Weizenmehl
½ gestr. TL Backpulver
75 g Zucker
75 g Zartbitter-Raspelschokolade
1 Ei (Größe M)
125 g Butter oder Margarine (zimmerwarm)

FÜR DEN BELAG:
740 g abgetropfte Sauerkirschen (aus Gläsern)

FÜR DEN RÜHRTEIG (SPRITZGEBÄCK):
150 g Butter oder Margarine (zimmerwarm)
120 g Zucker
2 Pck. Vanillin-Zucker
2 Eier (Größe M)
200 g abgez., gem. Mandeln
100 g fein gem. Zwiebäcke

FÜR DEN GUSS:
250 ml Sauerkirschsaft (aus den Gläsern)
1 Pck. ungezuckerter Tortenguss, klar
1 TL Zucker

INSGESAMT:
E: 120 g, F: 390 g, Kh: 690 g, kcal: 6630

ZUBEREITUNGSZEIT:
45 Minuten, ohne Abkühlzeit

BACKZEIT:
25–30 Minuten

1. Für den Streuselteig Mehl mit Backpulver in einer Rührschüssel mischen. Zucker, Raspelschokolade, Ei und Butter oder Margarine hinzufügen. Die Zutaten mit einem Mixer (Rührstäbe) zunächst kurz auf niedrigster, danach auf höchster Stufe zu Streuseln verarbeiten.

2. Die Streusel auf ein Backblech (30 x 40 cm, mit Backpapier belegt) geben und zu einem Boden andrücken.

3. Für den Belag von den Sauerkirschen den Saft auffangen, 250 ml abmessen und für den Tortenguss beiseitestellen.

4. Den Backofen vorheizen.
Ober-/Unterhitze: etwa 180 °C
Heißluft: etwa 160 °C

5. Für den Rührteig Butter oder Margarine mit einem Mixer (Rührstäbe) auf höchster Stufe geschmeidig rühren. Nach und nach Zucker und Vanillin-Zucker unterrühren. So lange rühren, bis eine gebundene Masse entstanden ist.

6. Die Eier nach und nach unterrühren (jedes Ei etwa ½ Minute). Mandeln in 2 Portionen kurz auf mittlerer Stufe unterrühren. Gemahlene Zwiebäcke unterheben.

7. Den Teig in einen Spritzbeutel mit Lochtülle (Ø etwa 7 mm) geben und etwa 30 kleine Quadrate (Höhe etwa 2 cm) auf den Streuselteig spritzen.

8. Die Sauerkirschen in den einzelnen Quadraten verteilen.

9. Das Backblech in den vorgeheizten Backofen schieben. Den Kuchen **25–30 Minuten backen.**

10. Das Backblech auf einen Kuchenrost stellen. Den Kuchen erkalten lassen.

11. Für den Guss aus dem beiseitegestellten Saft, Tortengusspulver und Zucker einen Guss nach Packungsanleitung zubereiten. Den Guss auf den Sauerkirschen verteilen. Guss fest werden lassen.

TIPPS:
Den Kuchen nach Belieben mit Puderzucker bestäuben. Unter den Streuselteig zusätzlich 1 gestrichenen Esslöffel gesiebtes Kakaopulver und 1 Esslöffel Milch geben. Sehr gut schmeckt steif geschlagene Sahne dazu.

KIRSCHKUCHEN, GEDECKT

FÜR DEN HEFETEIG:
200 g Weizenmehl
1 Pck. Trockenbackhefe
25 g Zucker
1 Pck. Vanillin-Zucker
1 Eigelb (Größe M)
150 g Crème fraîche (zimmerwarm)

FÜR DEN KNETTEIG:
100 g Weizenmehl
1 gestr. TL Backpulver
25 g Zucker
50 g Butter oder Margarine
evtl. 1 EL Wasser

FÜR DIE FÜLLUNG:
740 g abgetropfte Sauerkirschen (aus dem Glas)
150 ml Sauerkirschsaft (aus dem Glas)
50 g Speisestärke, 100 g Zucker

2 EL Semmelbrösel

FÜR DEN BELAG:
75 g Butter, 50 g Zucker
1 Pck. Vanillin-Zucker
100 g gestiftelte Mandeln

INSGESAMT:
E: 80 g, F: 220 g, Kh: 680 g, kcal: 5020

ZUBEREITUNGSZEIT:
75 Minuten, ohne Teiggeh- und Abkühlzeit

BACKZEIT:
etwa 25 Minuten

1. Für den Hefeteig Mehl in eine Rührschüssel geben und mit der Trockenbackhefe sorgfältig vermischen. Zucker, Vanillin-Zucker, Eigelb und Crème fraîche hinzufügen. Die Zutaten mit einem Mixer (Knethaken) zunächst kurz auf niedrigster, dann auf höchster Stufe in etwa 5 Minuten zu einem glatten Teig verarbeiten. Den Teig zugedeckt so lange an einem warmen Ort gehen lassen, bis er sich sichtbar vergrößert hat, etwa 20 Minuten.

2. Für den Knetteig Mehl mit Backpulver in einer Rührschüssel mischen. Restliche Zutaten hinzufügen und mit dem Mixer (Knethaken) zunächst kurz auf niedrigster, dann auf höchster Stufe gut durcharbeiten.

3. Den Knetteig und den Hefeteig auf einer leicht bemehlten Arbeitsfläche sorgfältig miteinander verkneten. Den Teig in 2 gleich große Portionen teilen. Eine Teigportion auf einem Backblech (30 x 40 cm, gefettet, mit Backpapier belegt) ausrollen.

4. Für die Füllung von den Kirschen 150 ml Saft auffangen. Speisestärke mit Zucker und 4 Esslöffeln von dem Saft in einem Topf verrühren. Den restlichen Kirschsaft hinzugeben, glatt rühren. Die Kirschen hinzugeben und unter vorsichtigem Rühren aufkochen lassen. Den Topf von der Kochstelle nehmen. Die Kirschmasse lauwarm abkühlen lassen.

5. Den ausgerollten Teig mit Semmelbröseln bestreuen. Die Kirschmasse gleichmäßig darauf verteilen.

6. Den Backofen vorheizen.
Ober-/Unterhitze: etwa 200 °C
Heißluft: etwa 180 °C

7. Den restlichen Teig auf der leicht bemehlten Arbeitsfläche zu einem Rechteck in Größe des Backblechs ausrollen. Die Teigplatte über eine Teigrolle aufwickeln und auf der Kirschmasse wieder abrollen. Die Teigränder gut zusammendrücken.

8. Für den Belag Butter zerlassen. Zucker, Vanillin-Zucker und Mandeln unterrühren. Die Zutaten unter Rühren erhitzen, bis eine einheitliche Masse entstanden ist. Die Masse mit einem Esslöffel gleichmäßig auf der Teigdecke verteilen.

9. Das Backblech in den vorgeheizten Backofen schieben. Den Kirschkuchen **etwa 25 Minuten backen.**

10. Das Backblech auf einen Kuchenrost stellen. Den Kirschkuchen darauf erkalten lassen.

APRIKOSENKUCHEN MIT ZWEI BÖDEN

ZUM VORBEREITEN FÜR DEN BELAG:
960 g abgetropfte Aprikosenhälften (aus Dosen)

FÜR DEN KNETTEIG:
225 g Weizenmehl
150 g Butter oder Margarine
60 g Zucker
1 Pck. Vanillin-Zucker

FÜR DEN RÜHRTEIG:
125 g Butter oder Margarine (zimmerwarm)
125 g Zucker
1 Pck. Vanillin-Zucker
3 Eier (Größe M)
75 g Weizenmehl
50 g Speisestärke
1 gestr. TL Backpulver

ZUM BESTREUEN:
50 g Zucker

INSGESAMT:
E: 60 g, F: 260 g, Kh: 660 g, kcal: 5120

ZUBEREITUNGSZEIT:
45 Minuten, ohne Abkühlzeit

BACKZEIT:
50–55 Minuten

1. Zum Vorbereiten die Aprikosenhälften in Spalten schneiden.

2. Für den Teig Mehl in eine Rührschüssel geben. Butter oder Margarine, Zucker und Vanillin-Zucker hinzufügen. Die Zutaten mit einem Mixer (Knethaken) zunächst kurz auf niedrigster, dann auf höchster Stufe gut durcharbeiten.

3. Anschließend auf einer leicht bemehlten Arbeitsfläche kurz zu einem Teig verkneten. Sollte er kleben, ihn in Frischhaltefolie gewickelt eine Zeit lang in den Kühlschrank legen.

4. Den Backofen vorheizen.
Ober-/Unterhitze: etwa 200 °C
Heißluft: etwa 180 °C

5. Den Teig auf einem Backblech (30 x 40 cm, gefettet) ausrollen. Das Backblech in den vorgeheizten Backofen schieben. Den Gebäckboden **etwa 15 Minuten vorbacken.**

6. Das Backblech auf einen Kuchenrost stellen. Den Gebäckboden darauf etwas abkühlen lassen.

7. Für den Rührteig Butter oder Margarine mit einem Mixer (Rührstäbe) auf höchster Stufe geschmeidig rühren. Nach und nach Zucker und Vanillin-Zucker unterrühren. So lange rühren, bis eine gebundene Masse entstanden ist.

8. Die Eier nach und nach unterrühren (jedes Ei etwa ½ Minute). Mehl mit Speisestärke und Backpulver mischen und kurz auf mittlerer Stufe unterrühren. Den Teig auf dem vorgebackenen Gebäckboden verstreichen. Aprikosenspalten in Reihen dachziegelartig auf den Rührteig legen.

9. Das Backblech wieder in den heißen Backofen schieben und den Kuchen **bei gleicher Backofentemperatur weitere 35–40 Minuten backen.** Das Backblech auf einen Kuchenrost stellen, den Kuchen mit Zucker bestreuen und erkalten lassen.

APRIKOSEN-PREISELBEER-KUCHEN

FÜR DEN ALL-IN-TEIG:
220 g Weizenmehl
80 g blütenzarte Haferflocken
2 gestr. TL Backpulver
120 g Zucker
1 Pck. Geriebene Zitronenschale
3 Eier (Größe M)
250 g Butter oder Margarine (zimmerwarm)

FÜR DEN BELAG:
400 g Wildpreiselbeeren (aus dem Glas)
480 g abgetropfte Aprikosenhälften (aus der Dose)

INSGESAMT:
E: 60 g, F: 240 g, Kh: 580 g, kcal: 4840

ZUBEREITUNGSZEIT:
25 Minuten

BACKZEIT:
etwa 25 Minuten

1. Den Backofen vorheizen.
Ober-/Unterhitze: etwa 200 °C
Heißluft: etwa 180 °C

2. Für den Teig Mehl mit Haferflocken und Backpulver in einer Rührschüssel mischen. Zucker, Zitronenschale, Eier und Butter oder Margarine hinzufügen. Die Zutaten mit einem Mixer (Rührstäbe) zunächst kurz auf niedrigster, dann auf höchster Stufe in etwa 2 Minuten zu einem glatten Teig verarbeiten. Den Teig auf ein Backblech (30 x 40 cm, gefettet) geben und glatt streichen.

3. Für den Belag die Preiselbeeren durchrühren und gleichmäßig auf dem Teig verteilen. Aprikosenhälften mit der Wölbung nach oben auf den Teig legen. Das Backblech in den vorgeheizten Backofen schieben. Den Kuchen **etwa 25 Minuten backen.**

4. Das Backblech auf einen Kuchenrost stellen. Den Kuchen darauf erkalten lassen.

TIPP:
Einen schönen Glanz erhält der Kuchen, wenn er mit Aprikosenkonfitüre bestrichen wird. Dafür 100 g Aprikosenkonfitüre pürieren, aufkochen lassen und nach dem Backen die Aprikosen damit bestreichen.

PFIRSICHKUCHEN MIT QUARK

FÜR DEN ALL-IN-TEIG:
250 g Weizenmehl
3 gestr. TL Backpulver
100 g Zucker
1 Pck. Vanillin-Zucker
3 Eier (Größe M)
125 g Butter oder Margarine (zimmerwarm)
125 ml Orangensaft

FÜR DEN BELAG:
1 kg Weinbergpfirsiche, vorbereitet, in kleine Stücke geschnitten
1 Beutel Gelfix Super 3:1 (25 g)
350 g Zucker
1 Pck. Zitronensäure (5 g)
3 Blatt weiße Gelatine
2 EL Orangensaft
500 g Speisequark (40 % Fett)
1 Pck. Vanillin-Zucker

ZUM GARNIEREN:
20 frische Himbeeren

INSGESAMT:
E: 120 g, F: 200 g, Kh: 780 g, kcal: 5360

ZUBEREITUNGSZEIT:
40 Minuten, ohne Kühlzeit

BACKZEIT:
etwa 20 Minuten

1. Den Backofen vorheizen.
Ober-/Unterhitze: etwa 180 °C
Heißluft: etwa 160 °C

2. Für den Teig Mehl mit Backpulver mischen und in eine Rührschüssel geben. Zucker, Vanillin-Zucker, Eier, Butter oder Margarine und Orangensaft hinzufügen.

3. Die Zutaten mit einem Mixer (Rührstäbe) zunächst kurz auf niedrigster, dann auf höchster Stufe in etwa 2 Minuten zu einem glatten Teig verarbeiten.

4. Den Teig auf ein Backblech (30 x 40 cm, gefettet) geben und glatt streichen. Das Backblech in den vorgeheizten Backofen schieben und den Gebäckboden **etwa 20 Minuten backen.**

5. Das Backblech auf einen Kuchenrost stellen. Den Gebäckboden darauf erkalten lassen.

6. Für den Belag Pfirsichstücke in einen großen Topf geben. Gelfix mit Zucker verrühren und unter die Pfirsichstücke rühren. Die Zutaten unter Rühren bei starker Hitze zum Kochen bringen und mindestens 3 Minuten unter ständigem Rühren sprudelnd kochen lassen. Den Topf von der Kochstelle nehmen. Zitronensäure unterrühren.

7. Die Konfitüre etwa 20 Minuten abkühlen lassen, dabei zwischendurch 2–3-mal umrühren.

8. Die Konfitüre auf den Gebäckboden geben, glatt streichen und erkalten lassen.

9. Die Gelatine nach Packungsanleitung einweichen. Gelatine ausdrücken und in einem kleinen Topf bei schwacher Hitze unter Rühren auflösen, Orangensaft unterrühren.

10. Quark mit Vanillin-Zucker verrühren. Gelatine zunächst mit 2–3 Esslöffeln von der Quarkmasse verrühren, dann unter die restliche Quarkmasse rühren. 20 Quarkkleckse mithilfe eines Esslöffels auf den Konfitürenbelag setzen.

11. Zum Garnieren Himbeeren verlesen, evtl. kurz abspülen und gut trocken tupfen. In die Mitte jedes Quarkkleckses eine Himbeere setzen. Den Konfitüren-Kuchen etwa 30 Minuten in den Kühlschrank stellen.

12. Konfitürenkuchen vor dem Servieren in Stücke schneiden.

TIPPS:
Statt Weinbergpfirsiche können auch andere Pfirsichsorten verwendet werden. Statt Gelfix Super 3:1 können Sie auch 250 g Super Gelierzucker 3:1 verwenden. Dann 750 g vorbereitete, in kleine Stücke geschnittene Weinbergpfirsiche für die Konfitüre verwenden.

PFIRSICH-STREIFEN-KUCHEN

ZUM VORBEREITEN:
2 Pck. Gala Bourbon-Vanille-Pudding-Pulver
80 g Zucker
700 ml Milch (1,5 % Fett)
150 g Crème légère
480 g abgetropfte Pfirsichhälften (aus der Dose)

FÜR DEN HEFETEIG:
375 g Weizenmehl
1 Pck. Hefeteig Garant
50 g Zucker
1 Pck. Vanillin-Zucker
1 Prise Salz
3 Tropfen Bittermandel-Aroma
180 ml Milch (1,5 % Fett)
75 g Halbfett-Margarine (24 % Fett, zimmerwarm)

FÜR DIE CREME:
1 EL Milch (1,5% Fett)
2 EL gesiebtes Kakaopulver

ZUM APRIKOTIEREN:
4 EL Aprikosenkonfitüre
2 EL Wasser

INSGESAMT:
E: 100 g, F: 80 g, Kh: 680 g, kcal: 3880

ZUBEREITUNGSZEIT:
55 Minuten, ohne Abkühl- und Ruhezeit

BACKZEIT:
etwa 25 Minuten

1. Zum Vorbereiten aus Pudding-Pulver, Zucker und Milch einen Pudding nach Packungsanleitung – aber mit den hier angegebenen Mengen – zubereiten. Die Crème légère unterrühren. Die Puddingcreme in eine Rührschüssel geben. Sofort Frischhaltefolie direkt auf die Puddingoberfläche legen. Pudding erkalten lassen.

2. Die Pfirsichhälften in Spalten schneiden.

3. Den Backofen vorheizen.
Ober-/Unterhitze: etwa 180 °C
Heißluft: etwa 160 °C

4. Für den Teig Mehl in eine Rührschüssel geben und mit Hefeteig Garant sorgfältig vermischen. Zucker, Vanillin-Zucker, Salz, Aroma, Milch und Margarine hinzufügen.

5. Die Zutaten mit einem Mixer (Knethaken) zunächst kurz auf niedrigster, dann auf höchster Stufe in etwa 2 Minuten zu einem glatten Teig verarbeiten.

6. Den Teig auf einer leicht bemehlten Arbeitsfläche nochmals kurz durchkneten, dann zu einer Rolle formen und auf einem Backblech (30 x 40 cm, gefettet, mit Backpapier belegt) ausrollen.

7. Die vorbereitete Puddingcreme mit dem Mixer (Rührstäbe) cremig rühren. Die Creme in 2 gleich große Portionen teilen.

8. Eine Portion in einen Spritzbeutel mit Lochtülle (Ø 8 mm) füllen. Die Creme in gleichmäßigen Abständen von etwa 2 cm in Streifen auf den Hefeteigboden spritzen.

9. Die restliche Puddingcreme mit Milch und Kakao verrühren, ebenfalls in einen Spritzbeutel mit Lochtülle (Ø 8 mm) füllen und in die Zwischenräume spritzen.

10. Die Pfirsichspalten auf der Creme verteilen. Den Kuchen etwa 15 Minuten ruhen lassen.

11. Das Backblech in den vorgeheizten Backofen schieben. Pfirsich-Streifen-Kuchen **etwa 25 Minuten backen.**

12. Das Backblech auf einen Kuchenrost stellen.

13. Zum Aprikotieren Konfitüre durch ein Sieb streichen, mit Wasser unter Rühren etwas einkochen lassen. Den Kuchen sofort damit bestreichen und erkalten lassen.

TIPP:
Statt Pfirsichen schmecken auch abgetropfte Aprikosenhälften (aus der Dose).

WEINBERGPFIRSICH-SCHNITTEN MIT NUSS-PESTO

FÜR DEN RÜHRTEIG:
150 g Butter oder Margarine (zimmerwarm)
150 g Zucker
1 Pck. Bourbon-Vanille-Zucker
1 Prise Salz
3 Eier (Größe M)
150 g Weizenmehl
150 g nicht abgezogene, gem. Mandeln
2 gestr. TL Backpulver
2 EL Milch

FÜR DAS NUSS-PESTO:
100 g Marzipan-Rohmasse
3 EL Orangensaft
25 g gehackte Haselnusskerne
50 g gehackte Pistazienkerne
1 TL Geriebene Zitronenschale
1 Eiweiß (Größe M)

FÜR DEN BELAG:
10 kleine Weinbergpfirsiche

ZUM BESTREICHEN UND BESTREUEN:
3 EL Aprikosenkonfitüre
25 g gehackte Pistazienkerne

INSGESAMT:
E: 120 g, F: 320 g, Kh: 480 g, kcal: 5240

ZUBEREITUNGSZEIT:
30 Minuten, ohne Abkühlzeit

BACKZEIT:
25–30 Minuten

1. Den Backofen vorheizen.
Ober-/Unterhitze: etwa 180 °C
Heißluft: etwa 160 °C

2. Für den Teig Butter oder Margarine mit einem Mixer (Rührstäbe) auf höchster Stufe geschmeidig rühren. Nach und nach Zucker, Vanille-Zucker und Salz unterrühren. So lange rühren, bis eine gebundene Masse entstanden ist.

3. Eier nach und nach unterrühren (jedes Ei etwa ½ Minute). Mehl mit Mandeln und Backpulver mischen und in 2 Portionen abwechselnd mit der Milch auf mittlerer Stufe kurz unterrühren.

4. Den Teig auf ein Backblech (30 x 40 cm, gefettet) geben und glatt streichen.

5. Für das Pesto Marzipan in sehr dünne Scheiben schneiden und mit dem Orangensaft mithilfe einer Gabel zu einem Mus verarbeiten.

6. Haselnuss-, Pistazienkerne, Zitronenschale und Eiweiß hinzufügen. Die Zutaten mit einem Pürierstab zu einem cremigen grünen Pesto verarbeiten.

7. Für den Belag Pfirsiche abwaschen, abtrocknen, halbieren und entkernen.

8. Die Pfirsichhälften mit der Schnittkante nach oben im Abstand von etwa 3 cm nebeneinander auf den Teig setzen. Pfirsiche leicht eindrücken.

9. In die Mitte jeder Pfirsichhälfte etwa 1 ½ Teelöffel Nuss-Pesto geben.

10. Das Backblech in den vorgeheizten Backofen schieben. Den Kuchen **25–30 Minuten backen.**

11. Das Backblech auf einen Kuchenrost stellen.

12. Die Aprikosenkonfitüre unter Rühren erwärmen. Die Kuchenoberfläche damit bestreichen. Den Kuchen erkalten lassen.

13. Den Kuchen so in 20 Stücke schneiden, dass in jeder Schnitte ein gefüllter Pfirsich ist. Die Schnitten mit Pistazien bestreuen.

TIPPS:
Der Kuchen schmeckt auch mit Aprikosen, Renekloden oder Zwetschen. Für eine exotische Note ersetzen Sie die Hälfte der Pfirsiche durch in dünne Spalten geschnittenes Mangofruchtfleisch.

NEKTARINEN-NUSS-SCHNITTE

FÜR DEN BISKUITTEIG:
200 g Nusskern-Mischung
100 g Zwieback
5 Eigelb (Größe M)
3 EL heißes Wasser
100 g Zucker
1 Pck. Vanillin-Zucker
1 Pck. Grießbrei nach klassischer Art (Süße Mahlzeit)
2 gestr. TL Backpulver
5 Eiweiß (Größe M)
1 Prise Salz
1 TL Zucker

ZUM BESTREICHEN:
100 g Nuss-Nougat

FÜR DIE FÜLLUNG:
5 Blatt weiße Gelatine
250 g Schlagsahne (mind. 30 % Fett)
400 g griechischer Sahnejoghurt
20 g Puderzucker
1 Pck. Bourbon-Vanille-Zucker
300 g Nektarinen

INSGESAMT:
E: 120 g, F: 288 g, Kh: 444 g, kcal: 4848

ZUBEREITUNGSZEIT:
40 Minuten, ohne Kühlzeit

BACKZEIT:
10–15 Minuten

1. Für den Teig Nusskerne und Zwieback im Blitzhacker fein mahlen. Dann in einer Pfanne ohne Fett unter Rühren leicht rösten und auf einem Teller erkalten lassen.

2. Den Backofen vorheizen.
Ober-/Unterhitze: etwa 180 °C
Heißluft: etwa 160 °C

3. Das Eigelb und Wasser mit einem Mixer (Rührstäbe) auf höchster Stufe in 1 Minute schaumig schlagen. Zucker mit Vanillin-Zucker mischen, in 1 Minute einstreuen, dann noch etwa 2 Minuten schlagen. Die Nuss-Zwieback-Mischung (1 Esslöffel davon abnehmen und beiseitestellen) mit Grießbrei und Backpulver mischen, kurz auf niedrigster Stufe unterrühren. Eiweiß mit Salz steif schlagen und den Zucker kurz unterschlagen. Den Eischnee vorsichtig unter den Teig heben.

4. Den Teig auf ein Backblech (30 x 40 cm, gefettet, mit Backpapier belegt) geben und glatt streichen. Das Backpapier an der offenen Seite des Backblechs so zur Falte knicken, dass ein Rand entsteht. Das Backblech in den vorgeheizten Backofen schieben. Den Nussboden **10–15 Minuten backen.** Das Backblech auf einen Kuchenrost stellen. Den Nussboden erkalten lassen.

5. Zum Bestreichen Nuss-Nougat in einem kleinen Topf im heißen Wasserbad bei schwacher Hitze unter Rühren schmelzen. Den Nussboden auf eine Kuchenplatte stürzen. Das mitgebackene Backpapier abziehen. Den Nussboden senkrecht halbieren, sodass 2 Platten (20 x 30 cm) entstehen. Einen Nussboden mit der gebackenen Seite auf eine Tortenplatte legen und einen Backrahmen darumstellen. Den Boden mit der Nuss-Nougat-Creme (gut 1 Esslöffel davon zurücklassen) bestreichen und in den Kühlschrank stellen. Nougat fest werden lassen.

6. Für die Füllung Gelatine nach Packungsanleitung einweichen. Sahne steif schlagen. Joghurt mit Puderzucker und Vanille-Zucker glatt rühren. Eingeweichte Gelatine leicht ausdrücken und in einem kleinen Topf bei schwacher Hitze unter Rühren auflösen. Gelatine zuerst mit etwa 4 Esslöffeln von dem Joghurt verrühren, dann unter den restlichen Joghurt rühren. Die Sahne unterheben.

7. Nektarinen heiß abwaschen, abtrocknen, halbieren, entsteinen, in kleine Stücke schneiden, unter die Hälfte der Joghurtsahne heben, auf dem bestrichenen Nussboden verteilen und glatt streichen. Den zweiten Boden darauflegen. Restliche Joghurtsahne darauf glatt verstreichen, mit der übrigen Nuss-Zwieback-Mischung bestreuen.

8. Die Nussschnitte mit der restlichen Nuss-Nougat-Creme verzieren und zugedeckt etwa 2 Stunden in den Kühlschrank stellen. Den Backrahmen entfernen.

FLANKUCHEN MIT ÄPFELN, BIRNEN UND PFIRSICHEN

FÜR DEN ALL-IN-TEIG:
375 g Weizenmehl
3 gestr. TL Backpulver
200 g Butter (zimmerwarm)
125 g Zucker
3 Eier (Größe M)

FÜR DEN BELAG:
3 säuerliche Äpfel, z. B. Boskop, Elstar
3 Birnen
3–4 frische Pfirsiche oder 825 g abgetropfte Pfirsichhälften (aus der Dose)

FÜR DEN FLAN-GUSS:
1 Pck. Pudding-Pulver Vanille-Geschmack
100 ml Apfelsaft
600 g Schlagsahne
80 g Zucker
1 Pck. Bourbon-Vanille-Aroma
1 Eigelb (Größe M)

INSGESAMT:
E: 90 g, F: 390 g, Kh: 690 g, kcal: 660

ZUBEREITUNGSZEIT:
35 Minuten

BACKZEIT:
etwa 50 Minuten

1. Den Backofen vorheizen.
Ober-/Unterhitze: etwa 180 °C
Heißluft: etwa 160 °C

2. Für den Teig Mehl mit Backpulver in einer Rührschüssel mischen. Restliche Zutaten hinzufügen und mit einem Mixer (Rührstäbe) erst kurz auf niedrigster, dann auf höchster Stufe in etwa 2 Minuten zu einem glatten Teig verarbeiten.

3. Den Teig auf ein Backblech (30 x 40 cm, gefettet) geben, dabei einen etwa 1 cm hohen Rand formen.

4. Für den Belag Äpfel, Birnen und frische Pfirsiche heiß abwaschen und abtrocknen. Äpfel und Birnen nach Belieben schälen, dann vierteln und entkernen. Die Viertel in je 3 Spalten schneiden. Frische Pfirsiche halbieren und den Kern herauslösen. Frische bzw. Dosenpfirsiche vierteln und je in 3 Spalten schneiden. Apfel-, Birnen- und Pfirsichspalten immer im Wechsel, leicht überlappend auf dem Teig verteilen.

5. Für den Guss Pudding-Pulver mit Apfelsaft gut verrühren. Sahne mit Zucker und Aroma in einem Topf unter Rühren zum Kochen bringen. Das angerührte Pudding-Pulver in die von der Kochstelle genommene Sahne rühren und anschließend nochmals kurz aufkochen lassen.

6. Den Topf von der Kochstelle nehmen. Das Eigelb unterrühren. Den Guss sofort gleichmäßig auf den Obstspalten verteilen.

7. Backblech in den vorgeheizten Backofen schieben. Den Flankuchen **etwa 50 Minuten backen.**

8. Das Backblech auf einen Kuchenrost stellen. Den Kuchen erkalten lassen. Flankuchen in Stücke (etwa 8 x 5 cm) schneiden.

TIPP:
Der Flankuchen schmeckt am zweiten Tag noch mal so gut.

APFELKUCHEN, APRIKOTIERT

FÜR DEN HEFETEIG:
375 g Weizenmehl
1 Pck. Hefeteig Garant
125 ml Milch (3,5 % Fett)
50 g Butter oder Margarine (zimmerwarm)
50 g Zucker
1 Pck. Vanillin-Zucker
1 Prise Salz
1 Ei (Größe M)

etwas Weizenmehl

FÜR DEN BELAG:
1 ½ kg Äpfel, z. B. Elstar
3 EL Zitronensaft
100 g gestiftelte Mandeln
100 g Rosinen

ZUM APRIKOTIEREN:
4 EL Aprikosenkonfitüre
1 EL Wasser

INSGESAMT:
E: 80 g, F: 120 g, Kh: 640 g, kcal: 4080

ZUBEREITUNGSZEIT:
30 Minuten

RUHEZEIT:
etwa 10 Minuten

BACKZEIT:
etwa 30 Minuten

1. Für den Teig das Mehl mit Hefeteig Garant in einer Rührschüssel sorgfältig vermischen. Restliche Zutaten für den Teig hinzugeben und mit einem Mixer (Knethaken) zunächst kurz auf niedrigster, dann auf höchster Stufe in etwa 2 Minuten zu einem glatten Teig verarbeiten. Teig mit etwas Mehl bestäuben, nochmals kurz durchkneten und auf einem Backblech (30 x 40 cm, gefettet, gemehlt) ausrollen.

2. Für den Belag Äpfel schälen, vierteln und entkernen. Die Apfelviertel in dicke Spalten schneiden und mit dem Zitronensaft mischen.

3. Die Apfelspalten dachziegelartig auf den Teig legen, mit Mandeln und Rosinen bestreuen. Den Teig zugedeckt etwa 10 Minuten ruhen lassen.

4. Den Backofen vorheizen.
Ober-/Unterhitze: etwa 200 °C
Heißluft: etwa 180 °C

5. Das Backblech in den vorgeheizten Backofen schieben. Den Kuchen **etwa 30 Minuten backen.**

6. Das Backblech auf einen Kuchenrost stellen.

7. Zum Aprikotieren Aprikosenkonfitüre und Wasser in einem kleinen Topf unter Rühren aufkochen. Den heißen Apfelkuchen damit bestreichen, Kuchen erkalten lassen.

APFELKUCHEN HARZER ART

FÜR DEN HEFETEIG:
75 g Butter, 375 g Weizenmehl
1 Pck. Trockenbackhefe
50 g Zucker, 1 Prise Salz
1 Pck. Vanillin-Zucker
200 ml lauwarme Milch (3,5 % Fett)

FÜR DEN BELAG:
1–1 ½ kg säuerliche Äpfel, z. B. Boskop
1 l Milch (3,5 % Fett)
50 g Speisestärke
1 Pck. Pudding-Pulver Vanille-Geschmack
50 g Weichweizengrieß
150 g Zucker, 1 Prise Salz
1 Pck. Vanillin-Zucker
125 ml Milch (3,5 % Fett)
3 Eigelb (Größe M)
125 g Schlagsahne
3 Eiweiß (Größe M)
125 g Schlagsahne (mind. 30 % Fett)
etwas Zitronensaft
1 Eigelb (Größe M)

INSGESAMT:
E: 120 g, F: 220 g, Kh: 800 g, kcal: 5720

ZUBEREITUNGSZEIT:
60 Minuten, ohne Abkühlzeit

RUHE-/GEHZEIT:
etwa 35 Minuten

BACKZEIT:
etwa 45 Minuten

1. Für den Teig Butter zerlassen und abkühlen lassen. Mehl in eine Rührschüssel geben und mit Trockenbackhefe sorgfältig vermischen. Zucker, Salz, Vanillin-Zucker, Milch und Butter hinzufügen. Die Zutaten mit einem Mixer (Knethaken) zunächst kurz auf niedrigster, dann auf höchster Stufe in etwa 5 Minuten zu einem glatten Teig verarbeiten. Den Teig zugedeckt so lange an einem warmen Ort gehen lassen, bis er sich sichtbar vergrößert hat, etwa 20 Minuten.

2. Den Teig auf einer leicht bemehlten Arbeitsfläche nochmals kurz durchkneten. Dann auf einem Backblech (30 x 40 cm, gefettet, mit Backpapier belegt) ausrollen. Einen Backrahmen darumstellen.

3. Für den Belag Äpfel schälen, vierteln, entkernen und in Spalten schneiden. Den Teig leicht dachziegelartig mit den Apfelspalten belegen. Den Teig nochmals so lange an einem warmen Ort gehen lassen, bis er sich sichtbar vergrößert hat, etwa 15 Minuten.

4. In der Zwischenzeit 1 Liter Milch zum Kochen bringen. Speisestärke mit Pudding-Pulver, Grieß, Zucker, Salz und Vanillin-Zucker mischen. Die Mischung mit 125 ml Milch anrühren, dann unter Rühren in die von der Kochstelle genommene Milch rühren. Den Pudding etwa 3 Minuten unter Rühren kochen lassen, dann in eine Schüssel umfüllen. Sofort Frischhaltefolie direkt auf die Puddingoberfläche legen, damit sich keine Haut bildet. Den Pudding erkalten lassen.

5. Den Backofen vorheizen.
Ober-/Unterhitze: etwa 180 °C
Heißluft: etwa 160 °C

6. Eigelb und Sahne mit einem Schneebesen unter den erkalteten Pudding rühren. Eiweiß steif schlagen. Der Eischnee muss so fest sein, dass ein Messerschnitt sichtbar bleibt. Den Eischnee vorsichtig unter den Pudding heben.

7. Den Pudding auf die Apfelspalten geben und glatt streichen. Sahne steif schlagen. Zitronensaft und Eigelb vorsichtig unter die Sahne heben. Die Masse auf den Pudding geben und glatt streichen (am besten mit einer Teigkarte oder einem Tortenheber). Das Backblech in den vorgeheizten Backofen schieben. Den Apfelkuchen **etwa 45 Minuten backen.**

8. Das Backblech auf einen Kuchenrost stellen. Den Apfelkuchen darauf erkalten lassen. Den Backrahmen vorsichtig lösen und entfernen. Den Kuchen in Stücke schneiden und servieren.

APFEL-KÄSEKUCHEN, FRÄNKISCH

FÜR DEN HEFETEIG:
100 g Butter oder Margarine
450 g Weizenmehl
1 Pck. Trockenbackhefe
65 g Zucker
1 Prise Salz
1 Ei (Größe M)
250 ml lauwarme Milch (3,5 % Fett)

etwas Weizenmehl

FÜR DEN BELAG:
750 g Magerquark
50 ml Milch (3,5 % Fett)
2 Eier (Größe M)
100 g Zucker
1 Pck. Vanillin-Zucker
1 ¼ kg Äpfel, z. B. Boskop oder Elstar

ZUM BESTÄUBEN:
evtl. etwas Puderzucker

INSGESAMT:
E: 180 g, F: 120 g, Kh: 680 g, kcal: 4680

ZUBEREITUNGSZEIT:
35 Minuten, ohne Abkühlzeit

RUHE-/GEHZEIT:
etwa 35 Minuten

BACKZEIT:
etwa 35 Minuten

1. Für den Teig die Butter oder Margarine zerlassen und abkühlen lassen.

2. Das Mehl in eine Rührschüssel geben und mit der Trockenbackhefe sorgfältig vermischen. Zucker, Salz, Ei, Milch und Butter oder Margarine hinzufügen. Die Zutaten mit einem Mixer (Knethaken) zunächst kurz auf niedrigster, danach auf höchster Stufe in etwa 5 Minuten zu einem glatten Teig verarbeiten. Den Teig zugedeckt so lange an einem warmen Ort gehen lassen, bis er sich sichtbar vergrößert hat, etwa 20 Minuten.

3. Den gegangenen Teig leicht mit Mehl bestäuben, aus der Schüssel nehmen und auf der leicht bemehlten Arbeitsfläche nochmals kurz durchkneten. Den Teig ausrollen und auf ein Backblech mit hohem Rand oder in die Fettpfanne (30 x 40 cm, gefettet) legen. Die Ränder leicht hochdrücken.

4. Für den Belag Quark mit Milch in einer Schüssel glatt rühren und auf dem Hefeteig verstreichen. Die Eier mit Zucker und Vanillin-Zucker verschlagen und gleichmäßig auf der Quarkschicht verteilen.

5. Äpfel schälen, vierteln, entkernen und in dünne Spalten schneiden. Apfelspalten gleichmäßig auf die Quarkschicht legen. Den Teig nochmals so lange an einem warmen Ort gehen lassen, bis er sich sichtbar vergrößert hat, etwa 15 Minuten.

6. In der Zwischenzeit den Backofen vorheizen.
Ober-/Unterhitze: etwa 180 °C
Heißluft: etwa 160 °C

7. Das Backblech in den vorgeheizten Backofen schieben. Den Kuchen **etwa 35 Minuten backen.**

8. Das Backblech auf einen Kuchenrost stellen. Den Kuchen darauf erkalten lassen. Nach Belieben vor dem Servieren mit Puderzucker bestäuben.

APFEL-GEWÜRZ-KUCHEN

FÜR DEN HEFETEIG:
200 ml Milch (3,5 % Fett)
125 g Butter
2 Döschen gem. Safran (0,2 g)
1 gestr. TL Kurkuma (Gelbwurz)
500 g Weizenmehl
42 g frische Hefe, 60 g Zucker
1 Pck. Bourbon-Vanille-Zucker
1 Pck. Geriebene Zitronenschale
1 Prise Salz

etwas Weizenmehl

FÜR DEN BELAG:
1,2 kg säuerliche Äpfel,
z. B. Boskop oder Elstar
100 ml Zitronensaft
100 g getrocknete Aprikosen
2 EL flüssiger Honig
1½ gestr. TL gem. Zimt
1 gestr. TL gem. Kardamom
75 g gehackte Pistazienkerne
200 g gehobelte Mandeln

ZUM BESTÄUBEN:
2 EL Puderzucker

INSGESAMT:
E: 140 g, F: 280 g, Kh: 680 g,
kcal: 5820

ZUBEREITUNGSZEIT:
35 Minuten, ohne Abkühlzeit

RUHE-/GEHZEIT:
etwa 60 Minuten

BACKZEIT:
30–35 Minuten

1. Für den Teig Milch in einem Topf erwärmen. Die Butter darin zerlassen. Safran und Kurkuma unterrühren. Die Milch-Butter-Mischung lauwarm abkühlen lassen.

2. Mehl in eine Rührschüssel geben und in die Mitte eine Vertiefung eindrücken. Hefe hineinbröckeln. Zucker, Vanille-Zucker, Zitronenschale, Salz und die Milch-Butter-Mischung hinzufügen.

3. Die Zutaten mit einem Mixer (Knethaken) zunächst kurz auf niedrigster, dann auf höchster Stufe in etwa 5 Minuten zu einem glatten Teig verarbeiten.

4. Den Teig zugedeckt so lange an einem warmen Ort gehen lassen, bis er sich sichtbar vergrößert hat, etwa 30 Minuten.

5. Den gegangenen Teig leicht mit Mehl bestäuben, aus der Schüssel nehmen und auf einer leicht bemehlten Arbeitsfläche nochmals kurz durchkneten. Den Teig auf einem Backblech (30 x 40 cm, gefettet) ausrollen und nochmals zugedeckt so lange an einem warmen Ort gehen lassen, bis er sich sichtbar vergrößert hat, etwa 30 Minuten.

6. In der Zwischenzeit für den Belag Äpfel schälen, vierteln und entkernen. Apfelviertel nochmals halbieren und dünn-blättrig schneiden. Die Äpfel in eine Schüssel geben und mit dem Zitronensaft übergießen.

7. Aprikosen klein würfeln, zunächst mit Honig, Zimt, Kardamom und Pistazienkernen mischen, dann unter die Äpfel heben.

8. Den Backofen vorheizen.
Ober-/Unterhitze: etwa 180 °C
Heißluft: etwa 160 °C

9. Apfelmischung gleichmäßig auf dem Teig verteilen, leicht andrücken und mit den Mandeln bestreuen. Das Backblech in den vorgeheizten Backofen schieben und den Kuchen **30–35 Minuten backen.**

10. Das Backblech auf einen Kuchenrost stellen. Den Apfel-Gewürz-Kuchen darauf erkalten lassen. Apfel-Gewürz-Kuchen mit Puderzucker bestäubt servieren.

TIPP:
Servieren Sie den Apfel-Gewürz-Kuchen mit einer Kardamomsahne. Dazu 500 g Schlagsahne (mind. 30 % Fett) mit ½ gestrichenen Teelöffel Kardamom steif schlagen.

BIRNENKUCHEN MIT ROSMARIN

ZUM VORBEREITEN FÜR DEN BELAG:
1 ½ kg Birnen,
z. B. Williams Christ
3 Stängel Rosmarin
30 g Butter
100 g Zucker
50 ml Zitronensaft
50 ml Wasser

FÜR DEN RÜHRTEIG:
150 g Russisch Brot
(Gebäck in Buchstabenform)
175 g Butter oder Margarine
(zimmerwarm)
100 g Zucker
1 Pck. Vanillin-Zucker
3 Eier (Größe M)
200 g Weizenmehl
2 ½ gestr. TL Backpulver

ZUM BESTREICHEN:
75 ml Birnen-Rosmarin-Saft
(vom Dünsten der Birnen)

INSGESAMT:
E: 64 g, F: 192 g, Kh: 576 g,
kcal: 4208

ZUBEREITUNGSZEIT:
40 Minuten,
ohne Durchziehzeit

BACKZEIT:
etwa 35 Minuten

1. Zum Vorbereiten für den Belag die Birnen abspülen, abtrocknen, schälen, halbieren und entkernen. Rosmarin abspülen, trocken tupfen und die Nadeln von den Stängeln zupfen. Die Nadeln (etwa 2 Esslöffel) fein hacken.

2. Butter, Zucker, Zitronensaft und Wasser in einem breiten, flachen Topf zum Kochen bringen. Rosmarin unterrühren.

3. Die Birnenhälften mit der Schnittfläche nach unten nebeneinander hineinlegen und 2–3 Minuten dünsten. Die Birnen wenden und weitere 2–3 Minuten bei schwacher Hitze dünsten.

4. Den Topf von der Kochstelle nehmen und die Birnenhälften zugedeckt etwa 50 Minuten durchziehen lassen.

5. Für den Teig Russisch Brot in einen Gefrierbeutel füllen. Den Beutel fest verschließen und das Gebäck mit einer Teigrolle fein zerbröseln. Oder Russisch Brot in einem Blitzhacker zu feinen Bröseln verarbeiten.

6. Butter oder Margarine mit einem Mixer (Rührstäbe) auf höchster Stufe geschmeidig rühren. Nach und nach Zucker und Vanillin-Zucker unterrühren. So lange rühren, bis eine gebundene Masse entstanden ist.

7. Die Eier nach und nach unterrühren (jedes Ei etwa ½ Minute). Mehl mit Backpulver mischen und abwechselnd mit den Bröseln in 2 Portionen kurz unterrühren.

8. Den Backofen vorheizen.
Ober-/Unterhitze: etwa 180 °C
Heißluft: etwa 160 °C

9. Den Teig auf einem Backblech (30 x 40 cm, gefettet, bemehlt) verstreichen.

10. Die Birnen in einem Sieb abtropfen lassen, dabei den Saft auffangen und 75 ml davon abmessen. Jede Birnenhälfte quer in 4 Scheiben schneiden und die Scheiben in kleinen Abständen so auf den Teig legen, dass jeweils die Birnenform erhalten bleibt.

11. Das Backblech in den vorgeheizten Backofen schieben. Den Kuchen **etwa 35 Minuten backen.**

12. Den Kuchen mit dem Backblech auf einen Kuchenrost stellen. Den abgemessen Birnen-Rosmarin-Saft in einem kleinen Topf zum Kochen bringen und etwa 5 Minuten bei mittlerer Hitze einkochen lassen. Den heißen Kuchen mit dem eingekochten Saft bestreichen. Den Kuchen erkalten lassen.

TIPP:
Reichen Sie zum Kuchen 200 g Schlagsahne, mit 1 Päckchen Sahnesteif und 3 Esslöffeln von dem Birnen-Rosmarin-Saft steif geschlagen.

PFLAUMENKUCHEN, FRIESISCH

ZUM VORBEREITEN:
250 g Butter

FÜR DEN STREUSELTEIG:
375 g Weizenmehl
120 g Zucker
1 Pck. Vanillin-Zucker
½ gestr. TL gem. Zimt
1 Ei (Größe M)

FÜR DEN BELAG:
330 g Holsteiner Pflaumenmus, stückig
395 g Pflaumenhälften (aus dem Glas)
1 kg Magerquark
125 g Schlagsahne
75 g Zucker
1 Pck. Pudding-Pulver Vanille-Geschmack
3 Eier (Größe M)

evtl. etwas Puderzucker

INSGESAMT:
E: 198 g, F: 288 g, Kh: 774 g, kcal: 6516

ZUBEREITUNGSZEIT:
40 Minuten, ohne Abkühlzeit

BACKZEIT:
etwa 45 Minuten

1. Zum Vorbereiten Butter in einem kleinen Topf zerlassen und abkühlen lassen.

2. Für den Teig das Mehl in eine Rührschüssel geben. Zucker, Vanillin-Zucker, Zimt, Ei und 175 g von der zerlassenen Butter hinzufügen. Die Zutaten mit einem Mixer (Rührstäbe) zunächst kurz auf niedrigster, dann auf höchster Stufe zu Streuseln von gewünschter Größe verarbeiten.

3. Einen Backrahmen auf ein Backblech (30 x 40 cm, gefettet) stellen. Zwei Drittel der Teigstreusel auf dem Backblech verteilen und zu einem Boden andrücken.

4. Den Backofen vorheizen.
Ober-/Unterhitze: etwa 180 °C
Heißluft: etwa 160 °C

5. Für den Belag Pflaumenmus auf den Streuselboden geben und glatt streichen. Die Pflaumenhälften darauf verteilen.

6. Quark mit Sahne, Zucker, Pudding-Pulver, Eiern und der restlichen zerlassenen Butter (75 g) gut verrühren. Die Quark-Sahne-Masse vorsichtig auf den Pflaumenhälften verteilen. Die restlichen Teigstreusel daraufstreuen. Das Backblech in den vorgeheizten Backofen schieben. Den Kuchen **etwa 45 Minuten backen.**

7. Das Backblech auf einen Kuchenrost stellen. Den Pflaumenkuchen erkalten lassen, in Stücke schneiden und nach Belieben mit Puderzucker bestäuben.

ZWETSCHENKUCHEN LÜBECKER ART

FÜR DEN HEFETEIG:
375 g Weizenmehl
1 Pck. Trockenbackhefe
200 ml lauwarme Milch (3,5 % Fett)
1 Ei (Größe M), 50 g Zucker
1 Pck. Geriebene Zitronenschale
1 Prise Salz
50 g zerlassene, abgekühlte Butter oder Margarine

etwas Weizenmehl

FÜR DIE FÜLLUNG:
100 g Löffelbiskuits
4 Eiweiß (Größe M)
1 Prise Salz
150 g Marzipan-Rohmasse
4 Eigelb (Größe M)
75 g Zucker
1 Pck. Vanillin-Zucker
3 Tropfen Bittermandel-Aroma
200 g abgezogene, gem. Mandeln

FÜR DEN BELAG:
1,2–1 ½ kg Zwetschen

INSGESAMT:
E: 160 g, F: 260 g, Kh: 700 g, kcal: 5960

ZUBEREITUNGSZEIT:
40 Minuten, ohne Abkühlzeit

RUHE-/GEHZEIT:
etwa 60 Minuten

BACKZEIT:
etwa 35 Minuten

1. Für den Teig das Mehl in eine Rührschüssel geben und mit der Trockenbackhefe sorgfältig vermischen. Milch, Ei, Zucker, Zitronenschale, Salz und Butter oder Margarine hinzufügen.

2. Die Zutaten mit einem Mixer (Knethaken) zunächst kurz auf niedrigster, dann auf höchster Stufe in etwa 5 Minuten zu einem glatten Teig verarbeiten. Den Hefeteig zugedeckt so lange an einem warmen Ort gehen lassen, bis er sich sichtbar vergrößert hat, etwa 30 Minuten.

3. Den gegangenen Teig leicht mit Mehl bestäuben, aus der Schüssel nehmen, auf der leicht bemehlten Arbeitsfläche nochmals kurz durchkneten und auf einem Backblech (30 x 40 cm, gefettet) ausrollen.

4. Für die Füllung Löffelbiskuits in einen Gefrierbeutel geben, Beutel fest verschließen. Die Löffelbiskuits mit einer Teigrolle zerbröseln.

5. Eiweiß mit Salz steif schlagen. Marzipan in kleine Stücke schneiden, mit Eigelb in einer Rührschüssel mit einem Mixer (Rührstäbe) zu einer einheitlichen Masse verrühren.

6. Zucker, Vanillin-Zucker und Aroma nach und nach auf mittlerer Stufe unterrühren. Eischnee, Mandeln und Biskuitbrösel vorsichtig unterheben.

7. Die Marzipan-Mandel-Masse auf den Teig geben und glatt streichen.

8. Für den Belag Zwetschen abspülen, gut abtrocknen, halbieren, entsteinen, vierteln und danach die Spitzen jeweils etwa ½ cm tief einschneiden.

9. Die Zwetschenviertel dachziegelartig auf die Marzipan-Mandel-Masse legen.

10. Den Teig nochmals zugedeckt so lange an einem warmen Ort gehen lassen, bis er sich sichtbar vergrößert hat, etwa 30 Minuten.

11. Den Backofen vorheizen.
Ober-/Unterhitze: etwa 200 °C
Heißluft: etwa 180 °C

12. Das Backblech in den vorgeheizten Backofen schieben. Den Zwetschenkuchen **etwa 35 Minuten backen.**

13. Das Backblech auf einen Kuchenrost stellen. Den Kuchen darauf erkalten lassen.

AMAZONAS-WELLE

FÜR DEN RÜHRTEIG:
125 g geröstete, gesalzene Cashewkerne
250 g Butter oder Margarine (zimmerwarm)
200 g Zucker
1 Pck. Vanillin-Zucker
5 Eier (Größe M)
300 g Weizenmehl
3 gestr. TL Backpulver
20 g gesiebtes Kakaopulver
1 EL Milch (3,5 % Fett)

FÜR DEN BELAG:
900 g–1 kg reife Bananen (etwa 6 Stück)
3 EL Zitronensaft, 1 EL Zucker

FÜR DIE BUTTERCREME:
1 Pck. Pudding-Pulver Vanille-Geschmack
75 g Zucker
500 ml Bananenmilch
250 g Butter (zimmerwarm)

FÜR DEN GUSS:
200 g Zartbitter-Schokolade (etwa 50 % Kakaoanteil)
2 EL Speiseöl
evtl. 2 EL geh. Cashewkerne

INSGESAMT:
E: 140 g, F: 620 g, Kh: 860 g, kcal: 9600

ZUBEREITUNGSZEIT:
45 Minuten, ohne Kühlzeit

BACKZEIT:
etwa 40 Minuten

1. Den Backofen vorheizen.
Ober-/Unterhitze: etwa 180 °C
Heißluft: etwa 160 °C

2. Für den Teig Cashewkerne in einem Blitzhacker fein hacken. Butter oder Margarine mit einem Mixer (Rührstäbe) auf höchster Stufe geschmeidig rühren. Nach und nach Zucker und Vanillin-Zucker unterrühren. So lange rühren, bis eine gebundene Masse entstanden ist.

3. Die Eier nach und nach unterrühren (jedes Ei etwa ½ Minute). Mehl und Backpulver mischen, in 2 Portionen kurz auf mittlerer Stufe unterrühren. Cashewkerne (2 Esslöffel davon beiseitelegen) unterrühren.

4. Einen Backrahmen auf ein Backblech (30 x 40 cm, gefettet) stellen. Zwei Drittel des Teiges in den Backrahmen geben und glatt streichen. Unter den restlichen Teig Kakao und Milch rühren. Den dunklen Teig gleichmäßig auf dem hellen Teig verstreichen.

5. Für den Belag Bananen schälen, längs halbieren und mit Zitronensaft bestreichen. Die Bananenhälften mit der Schnittfläche nach unten auf den dunklen Teig legen.

6. Zucker mit den beiseitegelegten Cashewkernen mischen und auf die Bananenhälften streuen. Das Backblech in den vorgeheizten Backofen schieben. Den Kuchen **etwa 40 Minuten backen.**

7. Das Backblech auf einen Kuchenrost stellen. Den Kuchen zunächst etwa 30 Minuten abkühlen lassen. Dann den Kuchen mit einem Stück Alufolie zudecken. Kuchen vollständig erkalten lassen.

8. Für die Buttercreme aus Pudding-Pulver, Zucker und Bananenmilch einen Pudding nach Packungsanleitung – aber mit den hier angegebenen Zutaten – zubereiten. Den Pudding erkalten lassen (nicht in den Kühlschrank stellen), dabei gelegentlich umrühren.

9. Butter mit einem Mixer (Rührstäbe) geschmeidig rühren. Den Pudding esslöffelweise unterrühren. Dabei darauf achten, dass Butter und Pudding Zimmertemperatur haben, da die Creme sonst gerinnt. Die Buttercreme gleichmäßig auf den Kuchen streichen. Den Kuchen etwa 1 Stunde in den Kühlschrank stellen.

10. Für den Guss die Schokolade in Stücke brechen, mit Speiseöl in einem kleinen Topf im Wasserbad bei schwacher Hitze unter Rühren schmelzen. Die Schokolade auf die fest gewordene Buttercreme geben, schnell verstreichen und mithilfe eines Tortengarnierkammes oder einer Gabel verzieren. Nach Belieben mit gehackten Cashewkernen bestreuen. Guss fest werden lassen. Backrahmen lösen und entfernen.

ORANGEN-GITTERKUCHEN

FÜR DEN ALL-IN-TEIG:
200 g Weizenmehl
75 g Speisestärke
½ Pck. Backpulver
125 g Zucker
1 Pck. Orangenschalen-Aroma
3 Eier (Größe M)
125 g weiche Butter
5 EL Orangensaft

FÜR DIE QUARKCREME:
2 Eiweiß (Größe M)
500 g Vanillequark
300 g Crème fraîche
1 Pck. Saucenpulver Vanille-Geschmack zum Kochen
2 Eigelb (Größe M)
2 EL Zucker
3 EL Orangensaft

ZUM BESTÄUBEN:
2 EL Puderzucker

INSGESAMT:
E: 102 g, F: 244 g, Kh: 514 g, kcal: 4675

ZUBEREITUNGSZEIT:
30 Minuten, ohne Abkühlzeit

BACKZEIT:
35–40 Minuten

1. Den Backofen vorheizen.
Ober-/Unterhitze: etwa 180 °C
Heißluft: etwa 160 °C

2. Für den Teig Mehl mit Speisestärke und Backpulver mischen und in eine Rührschüssel sieben. Zucker, Aroma, Eier, Butter und Orangensaft hinzufügen. Die Zutaten mit einem Mixer (Rührstäbe) zunächst kurz auf niedrigster, dann auf höchster Stufe in etwa 2 Minuten zu einem Teig verarbeiten. Den Teig auf ein Backblech (30 x 40 cm, gefettet) geben und glatt streichen.

3. Für die Quarkcreme Eiweiß steif schlagen und beiseitestellen. Quark mit Crème fraîche, Saucenpulver, Eigelb, Zucker und Orangensaft in einer Schüssel zu einer glatten Masse verrühren. Eischnee vorsichtig unterheben. Die Creme portionsweise in einen Spritzbeutel mit Sterntülle füllen.

4. In den Teig mit einem Kochlöffelstiel ein Karomuster ziehen. Die Quarkcreme in die Vertiefungen des Teiges spritzen. Das Backblech in den vorgeheizten Backofen schieben. Den Kuchen **35–40 Minuten backen.**

5. Das Backblech auf einen Kuchenrost stellen. Den Kuchen darauf erkalten lassen und mit Puderzucker bestäuben.

KUMQUAT-GEWÜRZ-KUCHEN

FÜR DIE KUMQUAT-MASSE:
100 g Kumquats
70 g flüssiger Honig
30 g Zucker
2 gestr. TL gem. Zimt
1 ½ gestr. TL gem. Kardamom
1 gestr. TL gem. Ingwer
½ TL gem. Piment (Nelkenpfeffer)

FÜR DEN ALL-IN-TEIG:
350 g Weizenmehl
30 g Speisestärke
3 gestr. TL Backpulver
120 g Zucker
1 Prise Salz
4 Eier (Größe M)
70 g Buttermilch
250 g Butter oder Margarine (zimmerwarm)

ZUM BESTREUEN:
2 EL Hagelzucker

INSGESAMT:
E: 60 g, F: 240 g, Kh: 520 g, kcal: 4640

ZUBEREITUNGSZEIT:
25 Minuten, ohne Abkühlzeit

BACKZEIT:
etwa 20 Minuten

1. Für die Kumquat-Masse die Kumquats mit heißem Wasser abspülen und abtropfen lassen. Die Stängelansätze entfernen. Die Kumquats längs halbieren und in dünne Scheiben schneiden, dabei die Kerne entfernen. Kumquatscheiben mit Honig, Zucker und den Gewürzen in einem kleinen Topf bei mittlerer Hitze aufkochen lassen. Den Topf von der Kochstelle nehmen und die Masse abkühlen lassen.

2. In der Zwischenzeit den Backofen vorheizen.
Ober-/Unterhitze: etwa 180 °C
Heißluft: etwa 160 °C

3. Für den Teig Mehl mit Speisestärke und Backpulver in einer Rührschüssel mischen. Zucker, Salz, Eier, Buttermilch, Butter oder Margarine und die lauwarme Kumquat-Masse hinzufügen. Die Zutaten mit einem Mixer (Rührstäbe) zunächst kurz auf niedrigster, dann auf höchster Stufe in etwa 2 Minuten zu einem glatten Teig verarbeiten.

4. Den Teig auf ein Backblech (30 x 40 cm, gefettet) geben, glatt streichen und mit Hagelzucker bestreuen. Das Backblech in den vorgeheizten Backofen schieben. Den Kuchen **etwa 20 Minuten backen.**

5. Das Backblech auf einen Kuchenrost stellen. Den Kuchen darauf erkalten lassen.

MANDARINEN-KOKOS-KUCHEN

FÜR DEN ALL-IN-TEIG:
300 g Weizenmehl
4 gestr. TL Backpulver
100 g Kokosraspel
250 g Puderzucker
1 Pck. Orangenschalen-Aroma
200 ml Sonnenblumenöl
150 ml Orangensaft
5 Eier (Größe M)

FÜR DEN BELAG:
350 g abgetropfte Mandarinen (aus der Dose)

ZUM BESTREUEN:
2 EL Vollmilch-Raspelschokolade
1 EL Kokosraspel

INSGESAMT:
E: 80 g, F: 320 g, Kh: 580 g, kcal: 5540

ZUBEREITUNGSZEIT:
15 Minuten

BACKZEIT:
etwa 25 Minuten

1. Den Backofen vorheizen.
Ober-/Unterhitze: etwa 180 °C
Heißluft: etwa 160 °C

2. Für den Teig Mehl mit Backpulver in einer Rührschüssel mischen. Kokosraspel, Puderzucker, Orangenschalen-Aroma, Sonnenblumenöl, Orangensaft und Eier hinzufügen. Die Zutaten mit einem Mixer (Rührstäbe) zunächst kurz auf niedrigster, dann auf höchster Stufe in etwa 2 Minuten zu einem glatten Teig verarbeiten.

3. Den Teig auf ein Backblech (30 x 40 cm, gefettet, gemehlt) geben und glatt streichen. Die Mandarinen darauf verteilen.

4. Das Backblech in den vorgeheizten Backofen schieben. Den Kuchen **etwa 25 Minuten backen.**

5. Das Backblech auf einen Kuchenrost stellen. Den heißen Kuchen sofort mit Raspelschokolade und Kokosraspeln bestreuen. Den Mandarinen-Kokos-Kuchen erkalten lassen.

TIPPS:
Der Mandarinen-Kokos-Kuchen ist ein idealer Partykuchen. Er kann sehr gut bereits am Vortag zubereitet werden. Ohne Garnierung lässt er sich auch gut einfrieren. Ersetzen Sie das Weizenmehl im Teig durch die gleiche Menge Dinkelmehl (Type 630), so schmeckt der Teig angenehm nussig. Für eine noch exotischere Note können Sie den Orangensaft durch Maracujasaft ersetzen. Statt den Kuchen mit Raspelschokolade zu bestreuen, können Sie ihn auch zunächst erkalten lassen und dann mit dunkler Kuchenglasur besprenkeln.

REZEPTVARIANTE:
Für einen **Aprikosenkuchen** ersetzen Sie die Kokosraspel im All-in-Teig durch die gleiche Menge Mandeln (abgezogen und gemahlen). Statt Orangenschalen-Aroma nehmen Sie dann Zitronenschalen-Aroma. Verwenden Sie für diese Variante nur 100 ml Orangensaft und zusätzlich 50 ml Zitronensaft (damit der Kuchen durch die Aprikosen nicht zu süß wird). Die Mandarinen ersetzen Sie durch abgetropfte Aprikosenhälften (aus der Dose). Raspeln Sie nach dem Backen sofort weiße Schokolade auf den Kuchen und bestreuen Sie ihn mit 1 Esslöffel gerösteten, gehackten Mandeln oder Mandelstiften.

MARACUJASCHNITTEN

FÜR DEN TEIG:
100 g Butter
4 Eier (Größe M)
5 EL heißes Wasser
200 g Zucker
2 Pck. Vanillin-Zucker
200 g Weizenmehl
50 g Speisestärke
2 gestr. TL Backpulver

FÜR DIE FÜLLUNG:
940 g abgetropfte Pfirsichhälften (aus Dosen)
5 EL Fruchtaufstrich Aprikose, fein passiert
4 Pck. ungezuckerter Tortenguss, klar
80 g Zucker
1 l Maracujanektar
600 g Schlagsahne (mind. 30 % Fett)
3 Pck. Sahnesteif
2 Pck. Vanillin-Zucker

FÜR DEN BELAG:
2 Pck. Aranca Aprikose-Maracuja-Geschmack (Dessertpulver)
200 ml Maracujanektar
300 g Joghurt (3,5 % Fett)

INSGESAMT:
E: 80 g, F: 280 g, Kh: 960 g, kcal: 6820

ZUBEREITUNGSZEIT:
55 Minuten, ohne Kühlzeit

BACKZEIT:
20–25 Minuten

1. Den Backofen vorheizen.
Ober-/Unterhitze: etwa 180 °C
Heißluft: etwa 160 °C

2. Einen Backrahmen auf ein Backblech (gefettet, mit Backpapier belegt) stellen.

3. Für den Teig Butter in einem kleinen Topf zerlassen und abkühlen lassen. Eier und Wasser mit einem Mixer (Rührstäbe) auf höchster Stufe in 1 Minute schaumig schlagen. Zucker mit Vanillin-Zucker mischen, in 1 Minute einstreuen, dann noch etwa 2 Minuten schlagen.

4. Mehl mit Speisestärke und Backpulver mischen, die Hälfte davon auf die Eiercreme geben und kurz auf niedrigster Stufe unterrühren. Restliches Mehlgemisch auf die gleiche Weise unterarbeiten. Zuletzt die Butter kurz unterrühren.

5. Den Teig gleichmäßig in dem Backrahmen verteilen. Das Backblech in den vorgeheizten Backofen schieben und den Gebäckboden **20–25 Minuten backen.**

6. Für die Füllung von den Pfirsichhälften den Saft auffangen und 200 ml abmessen. Pfirsichhälften fein würfeln.

7. Das Backblech auf einen Kuchenrost stellen. Den Gebäckboden darauf erkalten lassen und mit dem Fruchtaufstrich bestreichen.

8. Aus Tortengusspulver, Zucker und Maracujanektar einen Guss nach Packungsanleitung zubereiten. Die Pfirsichwürfel unterheben. Die Fruchtmasse auf dem Gebäckboden verteilen, glatt streichen und erkalten lassen.

9. Sahne mit Sahnesteif und Vanillin-Zucker steif schlagen und auf die Pfirsichmasse streichen.

10. Für den Belag Aranca nach Packungsanleitung – aber mit Maracujanektar, abgemessenem Pfirsichsaft und Joghurt anstelle von Wasser – zubereiten. Die Creme auf die Sahnemasse streichen. Den Kuchen mindestens 1 Stunde in den Kühlschrank stellen.

TIPP:
Vor dem Servieren mit einigen abgespülten, trocken getupften Zitronenmelisse- oder Minzeblättchen garnieren.

ORANGEN-SESAM-KUCHEN

FÜR DEN RÜHRTEIG:
200 g Butter oder Margarine (zimmerwarm)
150 g Zucker, 1 Prise Salz
3 Eier (Größe M)
300 g Weizenmehl
3 gestr. TL Backpulver
150 ml Orangensaft
350 g abgetropfte Mandarinen (aus Dosen)

FÜR DIE PUDDINGCREME:
1 Bio-Orange (unbehandelt, ungewachst)
etwa 300 ml Orangensaft
1 Pck. Pudding-Pulver Sahne-Geschmack
40 g Zucker

FÜR DEN KROKANT:
50 g geschälte Sesamsamen
40 g Zucker

200 g Schlagsahne (mind. 30 % Fett)
1 Pck. Sahnesteif
30 g Puderzucker

INSGESAMT:
E: 80 g, F: 280 g, Kh: 660 g, kcal: 5500

ZUBEREITUNGSZEIT:
45 Minuten, ohne Kühlzeit

BACKZEIT:
etwa 20 Minuten

1. Den Backofen vorheizen.
Ober-/Unterhitze: etwa 180 °C
Heißluft: etwa 160 °C

2. Für den Teig die Butter oder Margarine mit einem Mixer (Rührstäbe) auf höchster Stufe geschmeidig rühren. Nach und nach Zucker und Salz unterrühren. So lange rühren, bis eine gebundene Masse entstanden ist. Die Eier nach und nach unterrühren (jedes Ei etwa ½ Minute). Mehl mit Backpulver mischen, abwechselnd in 2 Portionen mit dem Orangensaft kurz auf mittlerer Stufe unterrühren, Mandarinen unterheben.

3. Den Teig auf ein Backblech (30 x 40 cm, gefettet) geben und glatt streichen. Das Backblech in den vorgeheizten Backofen schieben und den Gebäckboden **etwa 20 Minuten backen.**

4. Das Backblech auf einen Kuchenrost stellen. Den Gebäckboden erkalten lassen.

5. Für die Puddingcreme die Orange heiß abwaschen, abtrocknen und die Schale fein abreiben. Die Orange halbieren und den Saft auspressen. Den ausgepressten Saft (etwa 100 ml) mit dem Orangensaft auf 400 ml auffüllen. Aus Pudding-Pulver, Orangensaft und Zucker einen Pudding nach Packungsanleitung – aber mit den hier angegebenen Zutaten – zubereiten. Orangenschale unterrühren.

6. Den Topf von der Kochstelle nehmen. Ein Stück Frischhaltefolie direkt auf die Puddingoberfläche legen, damit sich keine Haut bildet. Den Pudding erkalten lassen, aber nicht in den Kühlschrank stellen.

7. Für den Krokant Sesam in einer Pfanne ohne Fett unter Rühren goldbraun rösten und herausnehmen. Zucker in der Pfanne goldbraun karamellisieren, den Sesam hinzugeben und unterrühren. Die Karamellmasse auf ein mit Backpapier belegtes Backblech oder eine hitzebeständige Platte geben, sofort ein zweites Stück Backpapier darauflegen. Die Sesammasse mit einer Teigrolle möglichst dünn ausrollen. Den Sesamkrokant erkalten lassen.

8. Den Kuchen in 20 Stücke schneiden. Sahne mit Sahnesteif und Puderzucker halbsteif schlagen. Den Pudding glatt rühren, die Sahne in 2 Portionen unterrühren. Die Creme in einen Spritzbeutel mit Lochtülle (Ø etwa 15 mm) füllen. Auf jedes Kuchenstück einen dicken Tupfen der Creme spritzen. Den Kuchen etwa 30 Minuten in den Kühlschrank stellen.

9. Von der Krokantplatte das Backpapier entfernen. Krokant in kleine Stücke brechen und in die Creme stecken.

KOKOSKUCHEN MIT ANANAS

FÜR DEN TEIG:
3 Eier (Größe M), 120 g Zucker
1 Pck. Vanillin-Zucker
abger. Schale und Saft von ½ Bio-Limette (unbehandelt, ungewachst)
200 g Weizenmehl
2 gestr. TL Backpulver
100 ml Speiseöl
100 ml Limettenlimonade

FÜR DIE FÜLLUNG:
340 g abgetropfte Ananasstücke (aus der Dose)
7 Blatt weiße Gelatine
400 ml Ananassaft (aus der Dose, mit Wasser aufgefüllt)
1 Pck. Pudding-Pulver Vanille-Geschmack
200 ml Kokosmilch, 30 g Zucker
3 EL Ananassaft (aus der Dose)
250 g Schlagsahne (mind. 30 % Fett)

ZUM BESTREUEN:
etwa 70 g Kokosraspel
evtl. einige Tropfen blaue und rote Speisefarbe

INSGESAMT:
E: 72 g, F: 288 g, Kh: 450 g, kcal: 4734

ZUBEREITUNGSZEIT:
40 Minuten, ohne Kühlzeit

BACKZEIT:
15–20 Minuten

1. Den Backofen vorheizen.
Ober-/Unterhitze: etwa 180 °C
Heißluft: etwa 160 °C

2. Für den Teig Eier mit einem Mixer (Rührstäbe) auf höchster Stufe in 1 Minute schaumig schlagen. Den Zucker mit Vanillin-Zucker mischen, in 1 Minute einstreuen, dann noch etwa 2 Minuten schlagen. Limettenschale und -saft hinzufügen. Mehl mit Backpulver mischen und in 2 Portionen auf mittlerer Stufe kurz unterrühren. Nach und nach Speiseöl und Limonade unterrühren.

3. Den Teig auf ein Backblech (30 x 40 cm, mit Backpapier belegt) geben und glatt streichen. Das Backblech in den vorgeheizten Backofen schieben. Den Gebäckboden **15–20 Minuten backen.**

4. Das Backblech auf einen Kuchenrost stellen. Den Gebäckboden erkalten lassen.

5. Für die Füllung von den Ananasstücken den Saft auffangen. Ananasstücke etwas kleiner schneiden, dabei ebenfalls den Saft auffangen und insgesamt 400 ml und 3 Esslöffel Saft abmessen.

6. Die Gelatine nach Packungsanleitung einweichen. Die 400 ml Ananassaft in einem Topf zum Kochen bringen. Pudding-Pulver mit Kokosmilch und Zucker anrühren. Angerührtes Pudding-Pulver in den von der Kochstelle genommenen Saft rühren und unter Rühren aufkochen lassen. Gelatine leicht ausdrücken und in dem heißen Pudding unter Rühren auflösen.

7. Fünf Esslöffel von der Puddingmasse abnehmen, mit den abgemessenen 3 Esslöffeln Ananassaft verrühren und beiseitestellen (nicht kalt stellen).

8. Die klein geschnittenen Ananasstücke unter den restlichen Pudding heben und in den Kühlschrank stellen, zwischendurch umrühren. Sahne steif schlagen. Sobald die Ananasmasse anfängt dicklich zu werden, die Sahne unterheben.

9. Den Gebäckboden senkrecht halbieren, sodass 2 Rechtecke (etwa 20 x 30 cm) entstehen. Das mitgebackene Backpapier entfernen. Eine Gebäckhälfte auf eine Tortenplatte legen. Die Ananas-Sahne-Creme daraufgeben und glatt streichen. Die zweite Gebäckhälfte darauflegen. Den Kuchen zugedeckt etwa 2 Stunden in den Kühlschrank stellen.

10. Die Kuchenoberfläche und die -seiten dünn mit der beiseitegestellten Puddingmasse bestreichen. Den Kuchen in 18 Stücke schneiden. Zum Bestreuen die Kokosraspel nach Belieben mit Speisefarbe einfärben und die Ananas-Kokos-Stücke mit den Kokosraspeln bestreuen.

BROWNIEKUCHEN MIT FRISCHKÄSE

FÜR DEN TEIG:
50 ml Milch (3,5 % Fett)
100 g Zartbitter-Schokolade (etwa 65 % Kakaoanteil)
200 g Butter oder Margarine (zimmerwarm)
150 g brauner Zucker
1 Pck. Bourbon-Vanille-Zucker
4 Eier (Größe M)
250 g Weizenmehl
20 g gesiebtes Kakaopulver
1 gestr. TL Backpulver

FÜR DIE FÜLLUNG:
300 g Doppelrahm-Frischkäse
30 g Zucker
20 g Speisestärke
abger. Schale von 1 Bio-Zitrone (unbehandelt, ungewachst)
1 EL Zitronensaft
1 Ei (Größe M)

FÜR DEN BELAG:
100 g Zartbitter-Schokolade (etwa 65 % Kakaoanteil)

INSGESAMT:
E: 120 g, F: 380 g, Kh: 480 g, kcal: 5720

ZUBEREITUNGSZEIT:
35 Minuten, ohne Abkühlzeit

BACKZEIT:
25–30 Minuten

1. Für den Teig Milch in einem Topf erwärmen. Den Topf von der Kochstelle nehmen. Zartbitter-Schokolade in Stücke brechen, in die Milch geben und unter Rühren schmelzen lassen. Schokoladenmilch abkühlen lassen.

2. Den Backofen vorheizen.
Ober-/Unterhitze: etwa 180 °C
Heißluft: etwa 160 °C

3. Butter oder Margarine mit einem Mixer (Rührstäbe) auf höchster Stufe geschmeidig rühren. Nach und nach Zucker und Vanille-Zucker unterrühren. So lange rühren, bis eine gebundene Masse entstanden ist. Die Eier nach und nach unterrühren (jedes Ei etwa ½ Minute). Schokoladenmilch hinzufügen.

4. Mehl mit Kakao und Backpulver mischen, in 2 Portionen kurz auf mittlerer Stufe unterrühren. Den Teig auf ein Backblech (30 x 40 cm, mit Backpapier belegt) geben und glatt streichen.

5. Für die Füllung Frischkäse mit Zucker, Speisestärke, Zitronenschale, -saft und Ei gut verrühren. Die Frischkäsemasse mithilfe eines Teelöffels in kleinen Häufchen auf dem Teig verteilen. Die Frischkäsemasse mit einem Löffelstiel einmal durch die Teigmasse ziehen, sodass ein Marmormuster entsteht.

6. Das Backblech in den vorgeheizten Backofen schieben. Den Kuchen **25–30 Minuten backen.**

7. Das Backblech auf einen Kuchenrost stellen. Für den Belag Schokolade in Stücke brechen. Den heißen Kuchen sofort mit den Schokoladenstücken belegen. Den Kuchen erkalten lassen.

FRUCHT-MARMORSCHNITTEN

ZUM VORBEREITEN:
100 g Zartbitter-Schokolade (etwa 60 % Kakaoanteil)
250 g abgetropfte Aprikosenhälften (aus der Dose)

FÜR DEN RÜHRTEIG:
300 g Butter oder Margarine (zimmerwarm)
200 g Zucker
1 Pck. Vanillin-Zucker
6 Eier (Größe M)
300 g Weizenmehl
2 gestr. TL Backpulver

145 g abgetropfte Cocktailfrüchte (Frucht-Cocktail, aus der Dose)
20 g gesiebtes Kakaopulver
1 EL Milch (3,5 % Fett)

FÜR DEN GUSS:
50 g Zartbitter-Schokolade (etwa 60 % Kakaoanteil)
½ TL Sonnenblumenöl

INSGESAMT:
E: 80 g, F: 360 g, Kh: 560 g, kcal: 5800

ZUBEREITUNGSZEIT:
45 Minuten, ohne Abkühlzeit

BACKZEIT:
etwa 30 Minuten

1. Zum Vorbereiten die Zartbitter-Schokolade in kleine Würfel schneiden. Die Aprikosenhälften in Spalten schneiden.

2. Den Backofen vorheizen.
Ober-/Unterhitze: etwa 180 °C
Heißluft: etwa 160 °C

3. Für den Teig Butter oder Margarine in einer Rührschüssel mit einem Mixer (Rührstäbe) auf höchster Stufe geschmeidig rühren. Nach und nach Zucker und Vanillin-Zucker unterrühren. So lange rühren, bis eine gebundene Masse entstanden ist. Eier nach und nach unterrühren (jedes Ei etwa ½ Minute).

4. Mehl mit Backpulver mischen und in 2 Portionen kurz auf mittlerer Stufe unterrühren. Zwei Drittel des Teiges auf ein Backblech (30 x 40 cm, gefettet, mit Backpapier belegt) geben und glatt streichen.

5. Zuerst die Aprikosenspalten, dann die Cocktailfrüchte darauf verteilen.

6. Vorbereitete Schokoladenwürfel, Kakao und Milch unter den restlichen Teig rühren. Den Rührteig mit 2 Teelöffeln in Klecksen auf den Früchten verteilen.

7. Das Backblech in den vorgeheizten Backofen schieben. Den Kuchen **etwa 30 Minuten backen.**

8. Das Backblech auf einen Kuchenrost stellen. Den Kuchen darauf erkalten lassen.

9. Für den Guss Schokolade in Stücke brechen, mit Sonnenblumenöl in einem kleinen Topf bei schwacher Hitze unter Rühren schmelzen.

10. Die Schokolade in einen kleinen Gefrierbeutel füllen und eine kleine Ecke abschneiden. Den Kuchen mit der Schokolade verzieren. Schokolade fest werden lassen.

LINZER SCHNITTEN

FÜR DEN KNETTEIG:
400 g Weizenmehl
2 gestr. TL Backpulver
200 g Zucker
1 Pck. Vanillin-Zucker
2 Msp. gem. Nelken
1 gestr. TL gem. Zimt
2 Eier (Größe M)
2 Eiweiß (Größe M)
200 g Butter oder Margarine (zimmerwarm)
200 g nicht abgezogene, gem. Mandeln

FÜR DEN BELAG UND ZUM BESTREICHEN:
200 g Himbeerkonfitüre
2 Eigelb
2 TL Milch (3,5 % Fett)

INSGESAMT:
E: 120 g, F: 300 g, Kh: 660 g, kcal: 5880

ZUBEREITUNGSZEIT:
25 Minuten, ohne Abkühlzeit

BACKZEIT:
etwa 30 Minuten

1. Für den Teig Mehl mit Backpulver in einer Rührschüssel mischen. Restliche Zutaten für den Teig hinzufügen. Die Zutaten mit einem Mixer (Knethaken) zunächst kurz auf niedrigster, dann auf höchster Stufe gut durcharbeiten.

2. Anschließend auf einer leicht bemehlten Arbeitsfläche kurz zu einem Teig verkneten. Sollte er kleben, ihn in Frischhaltefolie gewickelt eine Zeit lang in den Kühlschrank legen.

3. Den Backofen vorheizen.
Ober-/Unterhitze: etwa 180 °C
Heißluft: etwa 160 °C

4. Gut die Hälfte des Teiges auf einem Backblech (30 x 40 cm, gefettet) ausrollen. Den restlichen Teig auf der leicht bemehlten Arbeitsfläche in Größe des Backblechs ausrollen und mit einem Teigrädchen Streifen ausschneiden.

5. Für den Belag den Teigboden mit Konfitüre bestreichen, dabei einen etwa 1 cm breiten Rand frei lassen. Teigstreifen gitterförmig darauflegen. Das Eigelb mit der Milch verschlagen und die Teigstreifen damit bestreichen.

6. Das Backblech in den vorgeheizten Backofen schieben. Den Kuchen **etwa 30 Minuten backen.**

7. Das Backblech auf einen Kuchenrost stellen. Den Kuchen erkalten lassen und in Schnitten schneiden.

MARZIPAN-BUTTERKUCHEN

FÜR DEN HEFETEIG:
375 g Weizenmehl
1 Pck. Hefeteig Garant
50 g Zucker
1 Prise Salz
50 g Butter (zimmerwarm)
150 ml Milch (3,5 % Fett)
1 Ei (Größe M)

etwas Weizenmehl

FÜR DEN BELAG:
200 g Marzipan-Rohmasse
125 g Butter (zimmerwarm)
150 g Crème fraîche
2–3 EL Zucker
1 Pck. Vanillin-Zucker
40 g gehobelte Mandeln

INSGESAMT:
E: 100 g, F: 300 g, Kh: 480 g, kcal: 5100

ZUBEREITUNGSZEIT:
20 Minuten, ohne Abkühlzeit

RUHEZEIT:
etwa 5 Minuten

BACKZEIT:
etwa 20 Minuten

1. Für den Teig das Mehl mit Hefeteig Garant in einer Rührschüssel mischen. Zucker, Salz, Butter, Milch und Ei hinzufügen.

2. Die Zutaten mit einem Mixer (Knethaken) zunächst kurz auf niedrigster, dann auf höchster Stufe in etwa 2 Minuten zu einem glatten Teig verarbeiten.

3. Den Teig leicht mit Mehl bestäuben und auf der leicht bemehlten Arbeitsfläche nochmals kurz durchkneten. Den Teig auf einem Backblech (30 x 40 cm, gefettet) ausrollen und in die Ecken drücken.

4. Für den Belag die Marzipan-Rohmasse in kleine Würfel schneiden und in eine Rührschüssel geben. Butter hinzugeben und alles mit einem Mixer (Rührstäbe) zu einer glatten Masse verrühren. Die Masse in einen Spritzbeutel mit großer Loch- oder Sterntülle geben.

5. Mit einem Kochlöffelstiel in Abständen von 6–7 cm längs Streifen in den Teig drücken. Marzipan-Butter-Masse hineinspritzen. Den Teig anschließend noch etwa 5 Minuten ruhen lassen.

6. Den Backofen vorheizen.
Ober-/Unterhitze: etwa 200 °C
Heißluft: etwa 180 °C

7. Crème fraîche verrühren, die nicht bespritzten Streifen mithilfe eines Pinsels damit bestreichen. Den Zucker mit Vanillin-Zucker mischen. Den Teig damit bestreuen. Die Mandeln darauf verteilen.

8. Das Backblech in den vorgeheizten Backofen schieben. Den Kuchen **etwa 20 Minuten backen.**

9. Das Backblech auf einen Kuchenrost stellen. Den Kuchen erkalten lassen.

NUSSHAPPEN

FÜR DEN ALL-IN-TEIG:
220 g Weizenmehl
2 gestr. TL Backpulver
100 g gehackte Haselnusskerne
100 g Zucker
1 Pck. Vanillin-Zucker
4 Eier (Größe M)
250 g Butter oder Margarine (zimmerwarm)
70 g Nuss-Nougat-Creme (zimmerwarm)

FÜR DEN BELAG:
400 g Zartbitter-Schokolade (etwa 60 % Kakaoanteil)
70 g Butter
100 g Schlagsahne
50 g weiße Schokolade

INSGESAMT:
E: 120 g, F: 600 g, Kh: 480 g, kcal: 7800

ZUBEREITUNGSZEIT:
35 Minuten, ohne Abkühlzeit

BACKZEIT:
etwa 15 Minuten

1. Den Backofen vorheizen.
Ober-/Unterhitze: etwa 180 °C
Heißluft: etwa 160 °C

2. Für den Teig das Mehl mit Backpulver und Haselnusskernen in einer Rührschüssel mischen. Zucker, Vanillin-Zucker, Eier und Butter oder Margarine hinzugeben. Die Zutaten mit einem Mixer (Rührstäbe) zunächst kurz auf niedrigster, dann auf höchster Stufe in etwa 2 Minuten zu einem glatten Teig verarbeiten. Zum Schluss Nuss-Nougat-Creme kurz unterrühren.

3. Den Teig auf ein Backblech (30 x 40 cm, gefettet) streichen. Das Backblech in den vorgeheizten Backofen schieben. Den Gebäckboden **etwa 15 Minuten backen.**

4. Das Backblech auf einen Kuchenrost stellen. Den Kuchen etwa 30 Minuten abkühlen lassen.

5. Für den Belag die Schokolade in kleine Stücke brechen. Zwei Drittel davon mit Butter und Sahne in einem Topf im Wasserbad bei schwacher Hitze unter Rühren schmelzen. Den Topf aus dem Wasserbad nehmen und die restliche Schokolade darin unter Rühren schmelzen.

6. Die Schokoladenmasse mit einem Teigschaber gleichmäßig auf den Nusskuchen streichen und etwa 10 Minuten abkühlen lassen.

7. Weiße Schokolade mit einem Sparschäler direkt auf die Schokoladenschicht hobeln. Schokobelag fest werden lassen. Den Kuchen vor dem Servieren in etwa 30 Quadrate (etwa 6 x 6 cm) schneiden.

ZIMTKUCHEN

ZUM VORBEREITEN:
275 g Blätterteig
(aus dem Kühlregal, rechteckig, etwa 35 x 25 cm)

FÜR DEN BELAG:
200 g gem. Mandeln
1 EL Mandellikör oder -sirup
200 g Zucker
1 Ei (Größe M)
100 g Schmand (Sauerrahm)
1 gestr. TL gem. Zimt
½ Pck. Geriebene Zitronenschale

INSGESAMT:
E: 80 g, F: 200 g, Kh: 320 g, kcal: 3440

ZUBEREITUNGSZEIT:
10 Minuten, ohne Abkühlzeit

BACKZEIT:
etwa 25 Minuten

1. Den Backofen vorheizen.
Ober-/Unterhitze: etwa 200 °C
Heißluft: etwa 180 °C

2. Die Blätterteigplatte mit dem Backpapier aus der Packung auf ein Backblech (30 x 40 cm) legen. Den Teig mit einer Gabel dicht an dicht einstechen.

3. Für den Belag die Mandeln mit Likör oder Sirup, Zucker, Ei, Schmand, Zimt und Zitronenschale zu einer streichfähigen Masse verrühren. Die Mandelmasse gleichmäßig auf der Blätterteigplatte verstreichen, dabei rundherum einen etwa 1 cm breiten Rand frei lassen.

4. Das Backblech in den vorgeheizten Backofen schieben. Zimtkuchen **etwa 25 Minuten backen.**

5. Das Backblech auf einen Kuchenrost stellen. Den Kuchen etwa 4 Minuten abkühlen lassen, dann mit einem scharfen Messer in etwa 5 x 10 cm breite Streifen schneiden. Kuchenstreifen erkalten lassen.

VIER-SCHICHTEN-KUCHEN

ZUM VORBEREITEN:
100 g Amarettini
(ital. Mandelmakronen)
100 g Zartbitter-Schokolade
(etwa 50 % Kakaoanteil)
125 g getrocknete Cranberrys
2–3 EL Orangensaft

FÜR DEN RÜHRTEIG:
300 g Butter oder Margarine
(zimmerwarm)
170 g Zucker
3 Eier (Größe M)
2 Eigelb (Größe M)
320 g Weizenmehl
3 gestr. TL Backpulver
150 ml Milch (3,5 % Fett)
2 Eiweiß (Größe M)

1 Pck. Bourbon-Vanille-Zucker

FÜR DEN GUSS:
150 g Zartbitter-Schokolade
(etwa 50 % Kakaoanteil)
25 g Zucker
50 ml Wasser

INSGESAMT:
E: 96 g, F: 384 g, Kh: 720 g,
kcal: 6864

ZUBEREITUNGSZEIT:
45 Minuten, ohne Abkühlzeit

BACKZEIT:
etwa 30 Minuten

1. Amarettini in einen Gefrierbeutel geben. Den Beutel fest verschließen. Die Amarettini mit einer Teigrolle fein zerbröseln. Schokolade klein hacken. Cranberrys fein hacken und mit Orangensaft vermischen.

2. Den Backofen vorheizen.
Ober-/Unterhitze: etwa 180 °C
Heißluft: etwa 160 °C

3. Für den Teig Butter oder Margarine mit einem Mixer (Rührstäbe) auf höchster Stufe geschmeidig rühren. Nach und nach Zucker unterrühren. So lange rühren, bis eine gebundene Masse entstanden ist. Eier nach und nach unterrühren (jedes Ei etwa ½ Minute). Eigelb nacheinander kurz unter die Butter-Eier-Masse rühren.

4. Mehl mit Backpulver mischen, abwechselnd mit der Milch in 2 Portionen kurz auf mittlerer Stufe unterrühren. Eiweiß steif schlagen und unterheben.

5. Den Teig in 3 gleich große Portionen teilen. Den Vanille-Zucker unter die erste Teigportion, Amarettini und Schokolade unter die zweite Portion und Cranberrys mit dem Orangensaft unter die letzte Teigportion rühren.

6. Den Vanilleteig auf einem Backblech (30 x 40 cm, gefettet) verteilen und glatt streichen. Das Backblech in den vorgeheizten Backofen schieben. Den Vanilleboden **etwa 10 Minuten vorbacken.**

7. Das Backblech auf einen Kuchenrost stellen. Den Amarettini-Schoko-Teig auf dem heißen, vorgebackenen Vanilleboden gut verteilen und glatt streichen. Das Backblech wieder in den heißen Backofen schieben und die zweite Schicht **bei gleicher Backofentemperatur 8–10 Minuten backen.**

8. Das Backblech auf einen Kuchenrost stellen. Die restliche Teigportion auf die heiße Amarettini-Schoko-Schicht geben und glatt streichen. Das Backblech wieder in den heißen Backofen schieben. Den Kuchen **bei gleicher Backofentemperatur in 10–12 Minuten fertig backen.**

9. Das Backblech auf einen Kuchenrost stellen. Den Kuchen erkalten lassen.

10. Für den Guss die Schokolade in kleine Stücke brechen. Zucker und Wasser unter Rühren aufkochen, bis sich der Zucker aufgelöst hat. Den Topf von der Kochstelle nehmen. Schokoladenstücke in das Zuckerwasser geben und mit einem Kochlöffel unterrühren. Bei sehr schwacher Hitze so lange weiterrühren, bis die Schokolade geschmolzen ist und der Guss glänzt.

11. Den Guss auf den Kuchen geben und mit einem Löffel streifenartig verstreichen. Den Guss trocknen lassen. Den Kuchen in etwa 48 quadratische Stücke (etwa 5 x 5 cm) schneiden.

MÖHREN-KÜRBIS-ANANAS-KUCHEN

ZUM VORBEREITEN:
50 g Kürbiskerne
1 Möhre (etwa 100 g)
1 Stück Hokkaido-Kürbis (etwa 150 g)
100 g frisches Ananasfruchtfleisch
50 g frischer Ingwer

FÜR DEN TEIG:
6 Eiweiß (Größe M)
1 Prise Salz
6 Eigelb (Größe M)
200 g Zucker
2 Pck. Bourbon-Vanille-Zucker
80 g Weizenmehl
3 ½ gestr. TL Backpulver
400 g gem. Haselnusskerne

FÜR DEN BELAG:
400 g Schlagsahne (mind. 30 % Fett)
400 g Schmand (Sauerrahm)
2 EL Zucker
1 gestr. TL gem. Zimt

INSGESAMT:
E: 160 g, F: 540 g, Kh: 400 g, kcal: 7120

ZUBEREITUNGSZEIT:
30 Minuten, ohne Abkühlzeit

BACKZEIT:
35–40 Minuten

1. Zum Vorbereiten Kürbiskerne grob hacken und in einer Pfanne ohne Fett unter Wenden goldbraun rösten. Kürbiskerne auf einen Teller geben und zum Garnieren beiseitestellen.

2. Möhre putzen, schälen und auf der Küchenreibe fein raspeln. Kürbis abwaschen, gut abtropfen lassen und mit der Schale ebenfalls fein raspeln. Ananas in kleine Würfel schneiden. Ingwer schälen und auf der Küchenreibe fein raspeln.

3. Den Backofen vorheizen.
Ober-/Unterhitze: etwa 180 °C
Heißluft: etwa 160 °C

4. Für den Teig das Eiweiß und Salz mit einem Mixer (Rührstäbe) so steif schlagen, dass ein Messerschnitt sichtbar bleibt. In einer anderen Rührschüssel das Eigelb mit Zucker und Vanille-Zucker mit dem Mixer (Rührstäbe) auf höchster Stufe in etwa 5 Minuten dick-schaumig schlagen.

5. Mehl mit Backpulver mischen und mit der Hälfte der Haselnüsse auf niedrigster Stufe unterrühren. Möhren-, Kürbis- und Ingwerraspel kurz unterrühren, Ananaswürfel untermischen. Die Hälfte des Eischnees unterheben, dann die restlichen Haselnüsse und zuletzt den restlichen Eischnee vorsichtig unterheben.

6. Den Teig in ein Backblech mit hohem Rand oder eine Fettpfanne (30 x 40 cm, gefettet, gemehlt) geben und glatt streichen. Das Backblech in den vorgeheizten Backofen schieben und den Kuchen **35–40 Minuten backen.**

7. Das Backblech auf einen Kuchenrost stellen. Den Kuchen erkalten lassen.

8. Für den Belag Sahne steif schlagen. Den Schmand glatt rühren, die Sahne unterziehen. Die Schmandsahne auf den Kuchen geben und in Wellen darauf verstreichen.

9. Zucker mit Zimt vermischen. Den Kuchen damit und mit den Kürbiskernen bestreuen. Möhren-Kürbis-Kuchen zugedeckt etwa 60 Minuten in den Kühlschrank stellen.

HEFEKUCHEN MIT SCHMAND UND SANDDORN

FÜR DEN HEFETEIG:
375 g Weizenmehl (Type 550)
1 Pck. Hefeteig Garant
200 ml Milch (3,5 % Fett)
70 g Zucker
1 Pck. Vanillin-Zucker
1 Prise Salz
100 g Butter oder Margarine (zimmerwarm)

FÜR DEN BELAG:
250 g Schmand (Sauerrahm)
3 Eier (Größe M)
70 g Zucker
2 EL Zitronensaft

AUSSERDEM:
250 g Schmand (Sauerrahm)
3–4 EL Sanddorn Vollfrucht (aus der Flasche, mit Zucker gesüßt, erhältlich im Reformhaus)

INSGESAMT:
E: 80 g, F: 240 g, Kh: 480 g, kcal: 4480

ZUBEREITUNGSZEIT:
20 Minuten

RUHEZEIT:
etwa 5 Minuten

BACKZEIT:
etwa 25 Minuten

1. Für den Teig das Mehl mit Hefeteig Garant in einer Rührschüssel mischen. Restliche Zutaten für den Teig hinzugeben. Die Zutaten mit einem Mixer (Knethaken) zunächst kurz auf niedrigster, dann auf höchster Stufe in etwa 2 Minuten zu einem glatten Teig verkneten. Den Teig auf der leicht bemehlten Arbeitsfläche nochmals kurz durchkneten und auf einem Backblech (30 x 40 cm, gefettet) ausrollen.

2. Für den Belag 250 g Schmand mit Eiern, Zucker und Zitronensaft verrühren und gleichmäßig auf dem Teig verstreichen. Den Hefeteig etwa 5 Minuten ruhen lassen.

3. In der Zwischenzeit den Backofen vorheizen.
Ober-/Unterhitze: etwa 200 °C
Heißluft: etwa 180 °C

4. Das Backblech in den vorgeheizten Backofen schieben. Den Kuchen **etwa 25 Minuten backen.**

5. Das Backblech auf einen Kuchenrost stellen. 250 g Schmand glatt rühren und sofort auf den heißen Kuchen streichen. Sanddorn in breiten Abständen von links nach rechts der Länge nach in Streifen auf den Schmand träufeln. Dann mit einem Messer gitterartig Linien ziehen, dabei abwechselnd oben oder unten beginnen, sodass ein Muster entsteht. Den Kuchen erkalten lassen.

TIPP:
Sanddorn kann durch die gleiche Menge verrührtes Johannisbeer- oder Himbeergelee oder durch pürierte Früchte ersetzt werden.

INGWER-MÖHREN-KUCHEN

FÜR DEN TEIG:
80 g Butterkekse
300 g Möhren
80 g kandierter Ingwer
200 g abgezogene, gem. Mandeln
200 g gem. Haselnusskerne
70 g Weizenmehl
1 gestr. TL Backpulver
1 TL gem. Zimt
1 TL gem. Ingwer
1 Msp. gem. Nelken
1 Prise Salz
9 Eigelb (Größe M)
240 g feiner Zucker
1 Bio-Orange (unbehandelt, ungewachst)
9 Eiweiß (Größe M)

etwas Butter (zimmerwarm)
etwas Weizenmehl

FÜR DEN GUSS:
150 g Butter (zimmerwarm)
400 g Doppelrahm-Frischkäse
350 g Puderzucker
1 Pck. Bourbon-Vanille-Zucker

INSGESAMT:
E: 200 g, F: 550 g, Kh: 800 g, kcal: 9050

ZUBEREITUNGSZEIT:
70 Minuten, ohne Kühlzeit

BACKZEIT:
etwa 40 Minuten

1. Den Backofen vorheizen.
Ober-/Unterhitze: etwa 180 °C
Heißluft: etwa 160 °C

2. Für den Teig Butterkekse in einen Gefrierbeutel geben, Beutel fest verschließen. Butterkekse mit einer Teigrolle fein zerbröseln. Möhren putzen, schälen, abspülen, abtropfen lassen und fein reiben. Ingwer fein hacken.

3. Die Keksbrösel mit Mandeln, Haselnusskernen, Mehl, Backpulver, Zimt, Ingwer, Nelken und Salz in einer Rührschüssel gut vermischen.

4. Eigelb und 125 g des Zuckers in eine Edelstahlschüssel geben und im Wasserbad bei mittlerer Hitze mit einem Mixer (Rührstäbe) weißschaumig schlagen. Die Schüssel aus dem Wasserbad nehmen. Geriebene Möhren und kandierten Ingwer unterrühren. Orange heiß abwaschen, abtrocknen, die Schale abreiben und unterrühren.

5. Eiweiß evtl. in 2 Portionen mit einem Mixer (Rührstäbe) steif schlagen. Den restlichen Zucker einstreuen und weitere etwa 2 Minuten schlagen, bis der Eischnee stark glänzt. Ein Drittel des Eischnees zügig unter die Eigelb-Möhren-Masse heben. Die Keksbrösel-Mandel-Haselnuss-Mischung unterziehen. Restlichen Eischnee mit einem Teigschaber unterheben.

6. Den Teig in ein Backblech mit hohem Rand oder eine Fettpfanne (30 x 40 cm, mit Backpapier belegt, Backpapier zusätzlich mit zimmerwarmer Butter bestrichen und mit Mehl bestäubt) geben und glatt streichen. Das Backblech oder die Fettpfanne in den vorgeheizten Backofen schieben. Den Ingwer-Möhren-Kuchen **etwa 40 Minuten backen.**

7. Das Backblech oder die Fettpfanne auf einen Kuchenrost stellen. Den Ingwer-Möhren-Kuchen erkalten lassen.

8. Für den Guss Butter, Frischkäse, Puderzucker und Vanille-Zucker in einer Rührschüssel glatt rühren, auf den Ingwer-Möhren-Kuchen geben, glatt streichen und mit einem Tortengarnierkamm oder einer Gabel verzieren.

9. Den Ingwer-Möhren-Kuchen etwa 2 Stunden in den Kühlschrank stellen.

10. Die Kuchenränder evtl. gerade schneiden. Den Ingwer-Möhren-Kuchen in etwa 3 x 8 cm große Stücke schneiden.

TIPP:
Der Kuchen kann 2 Tage vor dem Verzehr zubereitet und im Kühlschrank aufbewahrt werden.

SCHOKO-PANNACOTTA-SCHNITTEN

FÜR DEN RÜHRTEIG:
150 g Butter oder Margarine (zimmerwarm)
100 g Zucker
4 Eier (Größe M)
250 g Weizenmehl
2 gestr. TL Backpulver
50 g abgezogene, gem. Mandeln
150 g Sahne-Pudding Bourbon-Vanille (aus dem Kühlregal)

FÜR DIE SCHOKO-PANNACOTTA-CREME:
7 Blatt weiße Gelatine
100 ml Milch (3,5 % Fett)
75 g Zucker
25 g gesiebtes Kakaopulver
500 g Schlagsahne
200 g Zartbitter-Schokolade (etwa 50 % Kakaoanteil)
2 EL Zitronensaft
200 g Mascarpone (ital. Frischkäse)

FÜR DEN BELAG:
½ geschälte, große, reife Ananas (ohne Mittelstrunk)
25 g brauner Zucker (Rohrzucker)

INSGESAMT:
E: 120 g, F: 504 g, Kh: 564 g, kcal: 7344

ZUBEREITUNGSZEIT:
40 Minuten, ohne Kühlzeit

BACKZEIT:
etwa 20 Minuten

1. Den Backofen vorheizen.
Ober-/Unterhitze: etwa 180 °C
Heißluft: etwa 160 °C

2. Für den Teig die Butter oder Margarine mit einem Mixer (Rührstäbe) auf höchster Stufe geschmeidig rühren. Nach und nach Zucker unterrühren. So lange rühren, bis eine gebundene Masse entstanden ist.

3. Die Eier nach und nach unterrühren (jedes Ei etwa ½ Minute). Das Mehl mit Backpulver mischen und in 2 Portionen mit den Mandeln kurz auf mittlerer Stufe unterrühren. Sahne-Pudding unterrühren.

4. Den Teig auf ein Backblech (30 x 40 cm, gefettet, mit Backpapier belegt) geben und glatt streichen. Einen Backrahmen darumstellen. Das Backblech in den vorgeheizten Backofen schieben. Den Gebäckboden **etwa 20 Minuten backen.**

5. Das Backblech auf einen Kuchenrost stellen. Den Gebäckboden erkalten lassen.

6. Für die Creme Gelatine nach Packungsanleitung einweichen. Milch in einen Topf geben. Mit Zucker und Kakao verrühren. Sahne hinzugießen und bei mittlerer Hitze zum Kochen bringen. Den Topf von der Kochstelle nehmen. Schokolade in kleine Stücke hacken. Eingeweichte, leicht ausgedrückte Gelatine und Schokolade in der Sahnemilch unter Rühren auflösen bzw. schmelzen. Die Creme unter gelegentlichem Rühren erkalten lassen.

7. Nach und nach Zitronensaft und Mascarpone unter die erkaltete Schokoladensahnemasse (muss noch flüssig sein) rühren, evtl. nochmals kurz in den Kühlschrank stellen, bis die Schokoladensahnemasse anfängt zu gelieren. Dann die Schokoladensahnemasse vorsichtig auf den Gebäckboden geben. Den Kuchen etwa 3 Stunden in den Kühlschrank stellen.

8. Den Backrahmen lösen und entfernen.

9. Den Backofengrill vorheizen.

10. Für den Belag Ananas in 12 sehr dünne Scheiben schneiden. Ananasscheiben dicht nebeneinander auf 2 Backbleche legen und mit etwas Zucker bestreuen.

11. Backbleche nacheinander unter den vorgeheizten Grill schieben. Ananasscheiben **jeweils 6–8 Minuten grillen,** bis sie leicht gebräunt sind. Ananasscheiben erkalten lassen.

12. Den Pannacotta-Kuchen in 12 Schnitten teilen und mit je 1 Ananasscheibe belegen.

MÖHREN-NUSS-SCHNITTEN

ZUM VORBEREITEN:
200 g gem. Haselnusskerne
500 g Möhren

FÜR DEN BISKUITTEIG:
5 Eier (Größe M)
200 g Zucker
1 Pck. Vanillin-Zucker
1 Pck. Orangenschalen-Aroma
125 g Weizenmehl
1 gestr. TL Backpulver

FÜR DEN BELAG:
6 Blatt weiße Gelatine
2 Pck. Pudding-Pulver Vanille-Geschmack
80 g Zucker
800 ml Multivitaminsaft
500 g Schlagsahne (mind. 30 % Fett)
2 Pck. Vanillin-Zucker

INSGESAMT:
E: 100 g, F: 320 g, Kh: 620 g, kcal: 5800

ZUBEREITUNGSZEIT:
50 Minuten, ohne Abkühlzeit

BACKZEIT:
etwa 30 Minuten

1. Zum Vorbereiten Haselnusskerne in einer Pfanne ohne Fett unter Rühren goldgelb rösten, herausnehmen und auf einem Teller erkalten lassen.

2. Die Möhren putzen, schälen, abspülen, abtropfen lassen, auf einer Haushaltsreibe fein reiben und mit den Haselnusskernen vermischen.

3. Den Backofen vorheizen.
Ober-/Unterhitze: etwa 180 °C
Heißluft: etwa 160 °C

4. Für den Teig Eier in einer Rührschüssel mit einem Mixer (Rührstäbe) auf höchster Stufe in 1 Minute schaumig schlagen. Zucker mit Vanillin-Zucker und Orangenschalen-Aroma mischen, in 1 Minute einstreuen, dann noch etwa 2 Minuten schlagen. Mehl mit Backpulver mischen und kurz auf niedrigster Stufe unterrühren. Die Möhren-Nuss-Mischung in 2 Portionen vorsichtig unterheben.

5. Einen Backrahmen auf ein Backblech (30 x 40 cm, gefettet) stellen. Den Teig in den Backrahmen geben und glatt streichen.

6. Das Backblech in den vorgeheizten Backofen schieben und den Biskuitboden **etwa 30 Minuten backen.**

7. Das Backblech auf einen Kuchenrost stellen. Den Biskuitboden erkalten lassen.

8. Für den Belag Gelatine nach Packungsanleitung einweichen. Pudding-Pulver mit Zucker und etwas Multivitaminsaft anrühren. Restlichen Multivitaminsaft in einem Topf zum Kochen bringen.

9. Das angerührte Pudding-Pulver in den von der Kochstelle genommenen Saft rühren und unter Rühren gut aufkochen lassen. Den Topf von der Kochstelle nehmen.

10. Die eingeweichte Gelatine leicht ausdrücken und in dem heißen Pudding unter Rühren auflösen. Den Pudding in eine Rührschüssel geben. Ein Stück Frischhaltefolie direkt auf die Puddingoberfläche legen, damit sich keine Haut bildet. Den Pudding erkalten lassen.

11. Die Sahne mit Vanillin-Zucker steif schlagen. Den Pudding mit einem Mixer (Rührstäbe) gut verrühren. 2 Esslöffel Pudding abnehmen, in einen kleinen Gefrierbeutel geben und eine kleine Ecke abschneiden. Die Sahne unter den restlichen Pudding heben.

12. Die Creme auf dem Biskuitboden verteilen. Mit dem Pudding aus dem Gefrierbeutel ein Gitter auf den Belag spritzen. Den Backrahmen vorsichtig lösen und entfernen.

TIPP:
Statt gemahlener Haselnusskerne können Sie auch gemahlene Mandeln verwenden.

TRIPLE-CHOC-KÄSEKUCHEN

FÜR DEN GEBÄCKBODEN:
400 g Brownie-Cookies (rechteckige Schokoladen-Cookies)

FÜR DEN BELAG:
200 g weiße Schokolade
500 g Frischkäse Soft (5 % Fett)
125 g Crème fraîche
50 g Zucker
abger. Schale von ½ Bio-Zitrone (unbehandelt, ungewachst)
1 EL Zitronensaft (von der Zitronenhälfte)
2 Eier (Größe M)
1 Eigelb (Größe M)

FÜR DIE CANACHE:
200 g Zartbitter-Kuvertüre oder -Schokolade (etwa 50 % Kakaoanteil)
75 g Crème fraîche

INSGESAMT:
E: 140 g, F: 336 g, Kh: 532 g, kcal: 5656

ZUBEREITUNGSZEIT:
30 Minuten, ohne Kühlzeit

BACKZEIT:
etwa 45 Minuten

1. Den Backofen vorheizen.
Ober-/Unterhitze: etwa 160 °C
Heißluft: etwa 140 °C

2. Für den Boden einen Backrahmen auf 20 x 28 cm einstellen und auf ein Backblech (mit Backpapier belegt) stellen. Die Cookies so in dem Backrahmen verteilen, dass ein Boden entsteht.

3. Für den Belag die Schokolade in kleine Stücke brechen, in einem kleinen Topf im Wasserbad bei schwacher Hitze unter Rühren schmelzen. Den Topf aus dem Wasserbad nehmen.

4. Frischkäse mit Crème fraîche, Zucker, Zitronenschale, -saft, Eiern und Eigelb in einer Rührschüssel gut verrühren. Die geschmolzene Schokolade hinzugeben und gut unterrühren.

5. Schokoladen-Frischkäse-Masse auf den Cookieboden in den Backrahmen geben und glatt streichen.

6. Das Backblech in den vorgeheizten Backofen schieben. Den Käsekuchen **etwa 45 Minuten backen.**

7. Das Backblech auf einen Kuchenrost stellen. Den Kuchen etwa 30 Minuten abkühlen lassen, dann in den Kühlschrank stellen und erkalten lassen. Den Backrahmen lösen und entfernen.

8. Für die Canache die Kuvertüre in kleine Stücke hacken oder Schokolade in kleine Stücke brechen.
Mit Crème fraîche in einem kleinen Topf im Wasserbad bei schwacher Hitze unter Rühren schmelzen.

9. Den Topf aus dem Wasserbad nehmen. Die Masse nochmals gut durchrühren und auf dem Käsekuchen verteilen. Nach Belieben mit einem Esslöffel ein Muster durch die Schokoladenmasse ziehen.

10. Den Käsekuchen weitere etwa 30 Minuten in den Kühlschrank stellen.

11. Das mitgebackene Backpapier vorsichtig lösen und entfernen. Den Käsekuchen in kleine Rechtecke schneiden.

REGISTER

IMPRESSUM

Genehmigte Lizenzausgabe für
Weltbild GmbH & Co. KG
Werner-von-Siemens-Str. 1, 86159 Augsburg

Copyright
© 2017 ZS Verlag GmbH
Kaiserstr. 14 b
D-80801 München

Projektleitung: Carola Reich

Lektorat: no:vum, Susanne Noll, Hennef

Nährwertberechnungen: Nutri Service, Hennef,
Angelika Ilies, Langen

Coverfoto:
Fotostudio Diercks – Kai Boxhammer, Thomas
Diercks, Christiane Krüger, Hamburg

Foodfotografie:
Walter Cimbal, Hamburg (S. 21, 35, 39, 83, 87, 91)
Fotostudio Diercks – Kai Boxhammer, Thomas
Diercks, Christiane Krüger, Hamburg (S. 7, 11, 13, 17, 19, 23, 25, 27, 29, 31, 33, 37, 43, 45, 47, 49, 51, 53, 55, 57, 59, 63, 65, 67, 69, 73, 75, 79, 81, 85, 89, 93)
Ulli Hartmann, Halle/Westfalen (S. 9, 61)
Antje Plewinski, Berlin (S. 15, 41, 71, 77)

Covergestaltung, Satz und Layout:
Büro 18, Friedberg (Bay.)

Lithografie: Jan Russok
Herstellung: Frank Jansen
Druck und Bindung: optimal media GmbH, Röbel

Die Bücher und E-Books unter der Marke Dr. Oetker Verlag erscheinen als Lizenz in der ZS Verlag GmbH.
Die ZS Verlag GmbH ist ein Unternehmen
der Edel AG, Hamburg.
Alle Rechte vorbehalten. All rights reserved.
Das Werk darf – auch teilweise – nur mit Genehmigung des Verlags wiedergegeben werden.
Die Autoren haben dieses Buch nach bestem Wissen und Gewissen erarbeitet. Alle Rezepte, Tipps und Ratschläge sind mit Sorgfalt ausgewählt und geprüft.

Printed in the EU
978-3-8289-2876-3

2017
Die letzte Jahreszahl gibt die aktuelle Lizenzausgabe an.
Einkaufen im Internet:
www.weltbild.de